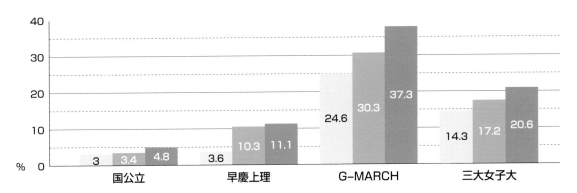

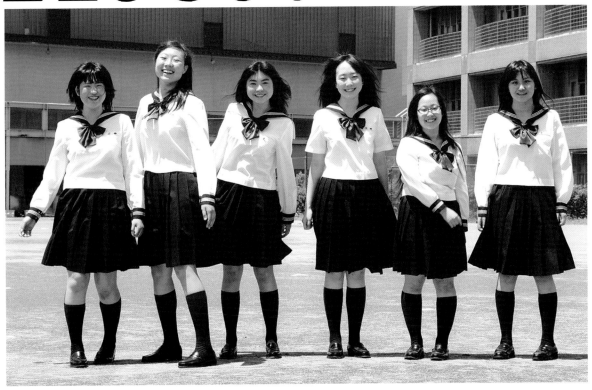

Success15 fifteen 11

サクセス15
November 2012

http://success.waseda-ac.net/

CONTENTS

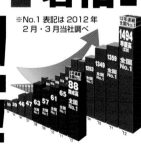

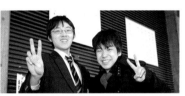

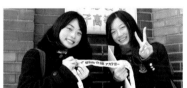

information ーインフォメーションー

早稲田アカデミー
各イベントのご紹介です。
お気軽にお問い合わせください。

中1 中2 中3 志望校別模試

早稲アカだからできる
規模・レベル・内容

中3男子

本番そっくり・特別授業実施・5科 **有料**

開成実戦オープン模試

第2回	第3回
10/20(土)	11/24(土)

時　間　試験開始　8：30（国・数・英・理・社 5科）
　　　　試験終了　13：50（昼食12：30～13：10）
保護者説明会　10：00～11：30（第2回のみ）
特別授業　14：00～15：30
会　場　ExiV御茶ノ水校・ExiV渋谷校・ExiV西日暮里校・国立校

中3

課題発見。最後の早慶合格判定模試 **有料**

早慶ファイナル模試

11/24(土)　テスト　9：00～12：15

中3女子

記述重視・特別授業実施・3科 **有料**

慶女実戦オープン模試

10/20(土)

時　間　9：00～12：30（国・英・数 3科）
保護者説明会　10：00～11：30
特別授業　13：10～15：30
会　場　ExiV渋谷校・ExiV西日暮里校

中3

全国最大規模・フォローアップ授業・3科・中3対象 **有料**

早慶実戦オープン模試

10/28(日)

早慶進学 保護者説明会 同時開催
テスト　9:00～12:15　フォローアップ授業
説明会　10:00～11:30　13:00～15:00

中3

筑駒志望生に待望のそっくり模試を早稲アカが実施します。 **有料**

筑駒実戦オープン模試

11/4(日)

筑駒入試セミナー 当日開催
テスト　9:20～14:45
筑駒入試セミナー　15:00～16:30（生徒・保護者対象）

中1 中2

開成・国立附属・早慶附属を目指す中1・中2対象 **有料**

難関チャレンジ公開模試

12/2(日)

【3科】英・数・国　8:30～11:30
【5科】英・数・国・理・社　8:30～12:45

中3男女

慶應義塾湘南藤沢高等部対策授業 **無料**

【対象】慶應湘南藤沢高受験予定者　※第1回と第2回は別内容です

第1回 **11/4(日)**　第2回 **12/25(火)**

会場：第1回 生徒…サクセス18池袋校　保護者…池袋本社　第2回 池袋本社5号館多目的ホール
時間：授業10：00～17：00　保護者会10：00～11：30（第1回のみ）
※第2回は、早稲田アカデミーに入塾された方が対象になります。

中3男女

入試直前対策講座 **全20回**

【対象】直前期帰国生

2013年 **1/9(水)～2/6(水)**　※1/14祝は除く

会場：ExiV渋谷校
時間：10：00～15：00
費用：中3 100,000円（税込）
科目：3科目（国・数・英）
　　　5科目（国・数・英・理・社）
　　　※選択制

小1～中3 冬期講習会

冬期講習生
受付中！

冬の勉強で今後が大きく変わる

12/26(水)～29(土)　1/4(金)～7(月)

※校舎により実施日が異なる場合がございます。

中学3年生にとってはいよいよ大詰めの時期を迎えることになりました。時間がないことは事実ですが、まだまだ得点力アップは可能です。苦手科目の克服と実戦力をつけることにより力を入れて学習することが必要になります。中学2年生にとってはこの冬が本格的な受験のスタートになります。じっくり実力を伸ばしていけるのは、あと1年しかありません。入試頻出の中2の範囲を再確認しましょう。中学1年生はこの冬、そろそろ出てきた「苦手科目」の対策に力を入れるようにしましょう。

早稲田アカデミーの冬期講習会ではどの学年にとっても今後の勉強につながる重要な単元を総復習していきます。この冬の勉強で大きなアドバンテージを作ろう!!

「日曜特訓講座」「志望校別模試」「作文コース」に関するお申し込み・お問い合わせは最寄りの早稲田アカデミーまたは **本部教務部 03 (5954) 1731** まで

お気軽にお問い合わせください。
早稲アカ紹介DVDお送りします

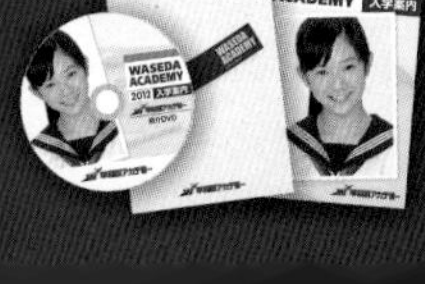

一流中学
高校受験
早稲田アカデミー

Wayo Konodai Girls' High School

あたりまえのことを、あたりまえに。

明るい挨拶が響きあう。身なりや教室を清潔に整える。
学園祭や体育祭に、心躍らせる。真剣なまなざしで学びあう。
そんなあたりまえの学校生活が、ここにあります。

■教育方針
和魂洋才・明朗和順の建学の精神に基づき、日本女性としての誇りを胸に、世界に翔たいていける女性の育成につとめています。

■特色
女子に適した指導方法で、特に理系に進学する生徒が増加し、24年度大学合格実績では、薬学部合格者数が、30に達しました。

■普通科
《特進コース》
国公立大学および
難関私立大学合格をめざす。
《進学コース》
現役で有名大学合格をめざす。
■ファッションテクニクス科
ファッション界の
スペシャリストをめざす。
《併設》和洋女子大学・同大学院

Information

●学校説明会（予約不要）
11月17日(土)13：30～12月8日(土)13：30～

●平成25年度入試日程

単願推薦	1月17日(木)
併願推薦	1月17日(木)または18日(金) ※特進チャレンジ受験ができます。
一般入試	1月17日(木)・18日(金)両日も可

※募集要項詳細はHPでご確認下さい。

和洋国府台女子高等学校

創立明治30年

〒272-8533　千葉県市川市国府台2-3-1
TEL047-371-1120（代）　FAX047-371-1128
ホームページ　http://www.wayokonodai.ed.jp/
■JR市川駅よりバス8分■JR松戸駅よりバス20分
■京成国府台駅より徒歩10分■北総矢切駅よりバス7分

text by Tomm

東大への近道

小さな工夫の積み重ねで逆境に打ち勝つ自分になろう

こんにちは。『枕草子』のなかで「秋は夕暮…」と書かれていますが、みなさんも学校からの帰り道などに秋を感じていますか?

夏の暑さと受験生のモチベーションとの間には一定の相関（かかわり）があるように思います。「夏休みは全力で勉強して一気に力をつけてやる！」と心が燃えていた夏前。「ああ、心配。不安。後悔。」と肝が冷えてくる秋冬。と言っている私も、じつは受験生のときには秋冬が苦手でした。少しずつ本番が迫る緊張感と、つぎつぎに不安な要素が浮かんでしまうこの季節は、なかなか勉強に没頭できなくなるかもしれません。

そこで今回は「逆境に打ち勝つ秋冬勉強法」と題して、前向きに勉強できる自分作りについて考えていきましょう。

逆境とは自分にとって不利な状況のことです。普通の人間は逆境におかれるとやる気を失ってなげやりになってしまいますが、きわめてまれな状態、例えば高校球児が夏の甲子園で大逆転勝利をおさめるような状態においては逆境がプラスに働くことがあります。そんな状況を自分で作れたら素敵だと思いませんか? というのがこの記事の味噌です。ポイントは「アメとムチとアメ」です。

よく人を成長させるためには、厳しく指導して、達成したあとには、褒美《ほうび》をあげるという「アメとムチ（正確にはムチとアメだと思いますが）」という方法があげられます。

しかし、勉強において自分自身にこの方法をとるのは難しいと思います。なぜならば、ただでさえつらい勉強なのに自分に厳しくあたってしまうと、「アメは要らないからムチを避ける」という考え方に陥ってしまいがちだからです。

そこでまず、勉強に取り組むための「アメ」を用意するのです。例えばお菓子を買って、「これを食べ終わったら取り組もう」と決めたり、時間を決めて散歩やゲームをしてから勉強に取り組んだりすることで、勉強と快楽をセットにしましょう。

勉強に取り組み始めたら「ムチ」です。勉強中に不安を感じてしまうというのは、それだけ気が散っている証拠です。一度勉強を始めたら余計な考えはいっさい排除して黙々と取り組みましょう。それが難しい人は小学生の計算ドリルを買ってきて勉強前に取り組むのが吉です。単純計算に没頭するうちに集中する習慣作りができると思います。

勉強が終わったら再び「アメ」ですが、これは単なるご褒美とは違います。勉強を終えるときに、次勉強に取り組む自分のために「アメ」を用意しておくのです。例えば方程式の勉強をしたあとならば、「次回は方程式の簡単なまとめプリントをやる」と決めます。そうすれば、次に勉強を始めるとき気楽に、そしてスムーズに入っていけるのです。これが最後の「アメ」です。

ここまでの話をまとめると、つらい時期でも前向きに過ごすためには、より勉強に向かいやすい環境を作ることにあるということです。余裕がなくなるほどこのような工夫ができなくなってしまいがちですが、こういった小さな工夫の積み重ねが大きな成果に必ずつながります。

受験生にとっては大切な秋、夏以上に充実させましょう！

▶▶▶ 前向きに勉強できる環境を作る

暗記が苦手なキミに贈る

効果的に憶えるための9つのアドバイス

**暗記って、苦手な人にとっては
とても大きな問題だよね。
でも、「私って暗記全然ダメなんだよね～」
って諦めるにはまだ早い！
やり方を変えてみれば、暗記がこれまでよりも
得意になるかもしれないよ。
脳研究者の池谷裕二先生に、効果的に物事を
憶える９つのアドバイスを伺ってきたので、
これを読んで、ぜひ実践してみよう！**

池谷《いけがや》 裕二《ゆうじ》

脳研究者。東京大学・大学院薬学系研究科・准教授、東京大学・大学院総合文化研究科・連携准教授。著書に「記憶力を強くする」（講談社ブルーバックス）、「海馬」（糸井重里氏との共著、新潮文庫）、「受験脳の作り方」（新潮文庫）など多数。

東大で記憶を専門に研究を続け、多くの著作も発表している脳研究者の池谷裕二先生。その池谷先生に、効率的な暗記方法について伺った。

1st Advice 絶対にこれは効く！という暗記法はない

「これから効果的に暗記するためのアドバイスをしていきますが、まず、みなさんによく理解しておいてもらいたのは、これから私がお話しするアドバイスは、『絶対』ではないということです。

私の個人的なこれまでの経験則や、ネズミなどの動物を使った実験で判明したことをもとに推測したことが中心となるからです。『これが絶対だ！』とわかっていれば、その本がもう大ベストセラーになっていますよね（笑）。今回のアドバイスのなかから試してもらって、自分に合うものを見つけていってください。」

2nd Advice 睡眠は暗記に必要不可欠！

定期テストや模擬試験の前に、睡眠時間を削ったり、徹夜したりして勉強したことがある人は少なからずいると思うが、憶えた知識を定着させるには、じつはしっかりと睡眠をとることが効果的だと池谷先生は言う。

「脳は、みなさんが眠っている間に憶えた知識を整理して、どれが大切で、どれが大切でないかを判断しています。ですから、睡眠時間を取らないということは、脳にその時間を与えないということになります。人それぞれ違いはありますが、その人に必要なだけの睡眠時間を取ることが、記憶を定着させるためには大切です。」

一夜漬けでも、次の日のテストに必要な知識を憶えられることはあるが、そうして憶えた知識は、また忘れてしまうのも早いという。

高校受験は一夜漬けの知識で合格できるほど甘くはない。日ごろから無理をせず、自分にとって十分な睡眠時間を取れるような勉強を続けていくのがいいということになりそうだ。

3rd Advice 暗記は睡眠の前にしよう！

1日のうち、暗記をするのに一番いい

試験前の徹夜は効果的とは言えません。脳は寝ている間に覚えた知識を整理するようにできています。たっぷりと自分に必要な睡眠時間をとることで、脳に記憶を定着させましょう。

記憶に効果的といわれる『シータ波』は自分が動いているときに最も出ます。ときには机に向かってじっと教科書を見つめるよりも、動きながらの方が暗記しやすいかもしれません。

circle…
circus…
city…

晩ご飯の前にこれだけ覚えてしまおう!!

暗記に適したタイミングの１つが空腹時です。お腹が空いているときこそ記憶のゴールデンタイムと言えます。

時間帯というのはあるのだろうか。

「暗記に関していえば、夜にするのが、朝や昼にするよりも効果的と言えます。それも、睡眠の1～2時間前にするのが最もいいでしょう。先ほど述べたように、睡眠を取ることが記憶の定着に大切だからです。だからといって、夜の1時や2時まで暗記をして、結局睡眠時間を十分に取れないというのは良くないと思いますので、そこは気をつけましょう。また、昼寝をするのであれば、その直前にするのもいいでしょう。」

朝と夜で、そのときに憶えられる量に大きな違いがあるわけではないという。ただ、夜の場合は、そのあとすぐに睡眠をとるので、結果、知識がより定着しやすいのだ。

4th Advice お腹が鳴っているときは暗記のチャンス!?

1日の生活サイクルのなかには、朝と夜以外にも、暗記しやすくなるタイミングがわかるときがあるという。

「それはお腹が減っているときです。空腹時には記憶しやすくなることが科学的にも証明されています。満腹になると脳の働きは低下しがちなので、先ほどは寝る1～2時間前に暗記をするのがいいと話しましたが、ご飯の前というのも効果的なのです。これは夜だけというわけではなく、朝も昼ももちろん同様です。」

朝よりは夜。お腹がいっぱいのときよりはお腹が減っているとき。暗記以外にも勉強しなければいけないことはたくさんあるのだから、それぞれのタイミングを使い分けながら、暗記の時間を確保してみよう。お腹が鳴っているときこそ暗記のチャンスかも!?

5th Advice じっと座っているよりも動きながらが憶えやすい?

みんなは普段どんな体勢で暗記をしているだろうか。暗記をするときに身体を動かすほうが、じっとしているよりも効率的に憶えられるのでは、と池谷先生は話す。そこには「シータ波」という「脳波」の1つが関わっているのだそうだ。

「脳が出す『脳波』のなかに、『シータ波』というものがあります。これは

音楽は勉強を始めるときのつらさを和らげる効果もあるので、音楽を流しながらの暗記は必ずしもダメとはいえません。ただし状況によって音楽はプラスにもマイナスにも働くので、うまく使いこなすのがいいでしょう。

さまざまな脳波

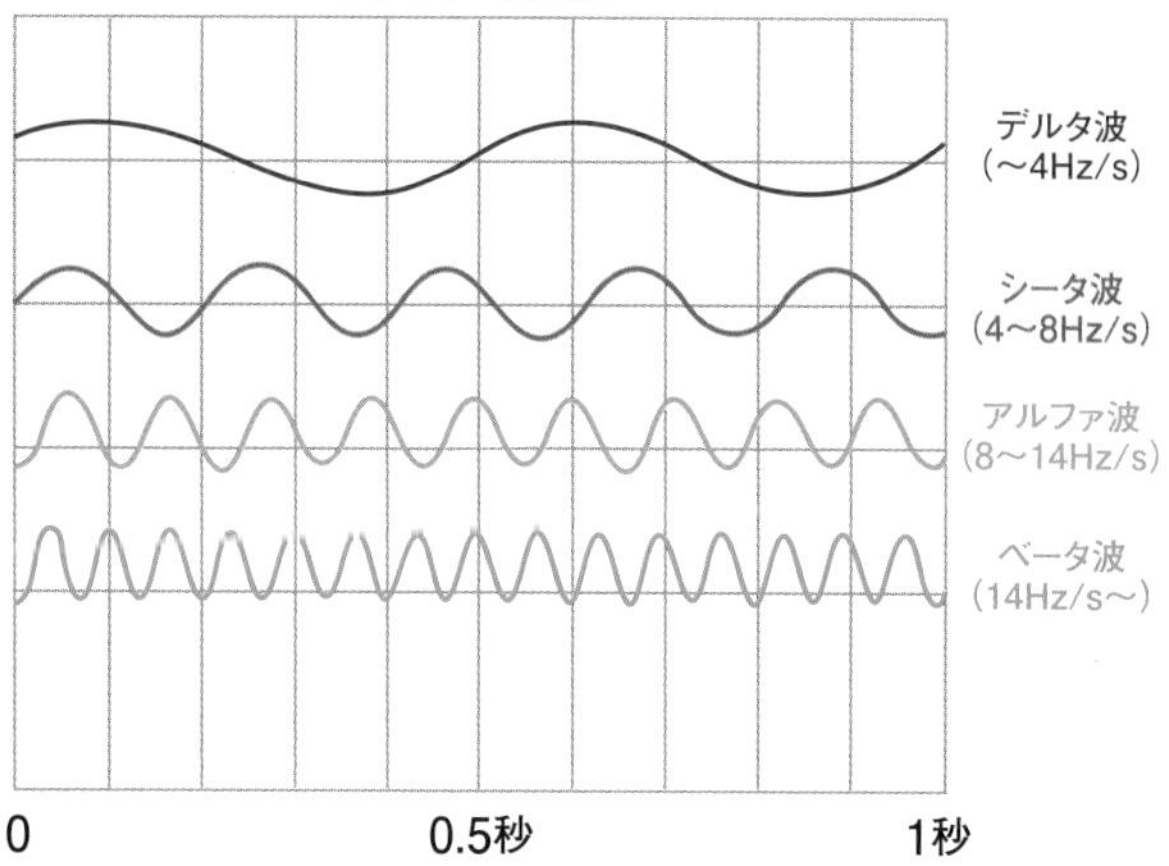

記憶において効果的なものが「シータ波」です。物事に興味を持っているときに発生するシータ波は「好奇心」の象徴とも言えます。

記憶にかんしては大切な脳波で、この『シータ波』が出ると、記憶に効果的だというデータがあります。そして、『シータ波』は自分が動いているときに最も出るのです。

ネズミを使った実験で、ネズミが歩いているときが1番『シータ波』が出ていて、ラジコン車を運転しているときが2番、その助手席に乗っているときが3番というデータがあります。助手席の時は最も低いのですが、止まっているよりは出ています。これが、実際のところ人間にどこまで正確に当てはまるかはわかりませんので、『歩いていると暗記に必ずいい』とは断定できません。

ただ、私自身も暗記をするときはテーブルの周りをぐるぐる歩きながらしたりしていました。電車や車などで移動しているときにするのも、座ったまま暗記するよりはいいと思います。1度試してみてもいいのではないでしょうか。」

また、このシータ波は、物事に興味を持っているときに最も発生すると言われている。

勉強をする大前提として、前向きな気持ちで、興味を持って取り組む方が、より効果的に憶えることができるとも言えそうだ。

6th Advice 音楽を聞きながら暗記は必ずしもダメではない

「ながら勉強」は、一般的にはあまりよくないとされるが、音楽については、絶対にダメなわけではないようだ。

「音楽を聞きながらすることは、一概に悪いとは言えません。全く音がしないところで勉強をすると、むしろ動物は集中力を欠いてしまいます。たとえば勉強に気が向かないとき、初めに好きな音楽でもかけていれば、『いまから勉強しないと』というつらさがなくなったり和らいだりするので、最初の壁が小さくなります。

そして、集中してしまえば音楽は耳に入ってきませんから。聞きたければ聞いてもいいのではないでしょうか。」

まずは暗記などをするときに音量を小さめにして流してみて、自分のなかで効果を感じられるようだったら、それをほかの勉強のときにもしてみる、という形がいいのでは?

7th Advice 効果的に憶えるためには結びつけることが大切！

歴史的な出来事などを憶えるときに、ちゃんとノートに年号や出来事も書いているのに、なかなか暗記できない、という人はいないだろうか。

「出来事を羅列するだけというのは、効果的な暗記にはよくありません。物事を憶えるときには、ただ憶えるだけではなくて、グループ化して憶えるのが有効です。英語であれば、同じ単語でできている熟語をまとめて憶える、歴史であれば、『何年にどんな出来事があった』に加えて、その周辺の出来事や、その時代を大枠で捉えましょう。

暗記にはアウトプットや五感を使うのも有効ですから、憶えたことを家族や友だちの前で説明したり、書いたり読んだりするのもいいのではないでしょうか。

そして、書いても憶えられないという人に振り返ってみてもらいたいのは、その人は果たして本当に憶えようとしているのか、ということです。『これは憶えるものなんだ、これを憶えよう』と意識せずに、ただボーっと書いているだけでは憶えられません。『イヤだイヤだ』と思いながら、テストのためだけに暗記をするのは、効率が悪いと言えますね。」

こうしたことは、英単語や歴史などのいわゆる「暗記物」だけに限らない。数学や理科に欠かせない公式や定理も、ただ字面だけで憶えるよりも、意味を理解したり、興味を持って憶えるほうが、より頭に入ってきやすいそうだ。

8th Advice 経験記憶を意識すべし！

名前だったり、漢字だったりという知識や情報の記憶を「知識記憶」といい、ある場面や経験と結びついている記憶を「経験記憶」という。

そして、「知識記憶」に比べて、「経験記憶」の方が、頭のなかからは取り出しやすいのだそうだ。その違いをうまく使った暗記法を取り入れた方がいいと池谷先生は言う。

「幼いころは、知識記憶が発達しているので、単純なものを憶える方が簡単です。ただ、そういった記憶方法

出来事や単語などは、羅列したものよりも、グループ化したものの方が覚えやすくなります。電話番号などがその例です。乱雑に覚えるよりも整理した方が効卒的だと言えるでしょう。これを「チャンク化」といいます。

が得意な人も、中学生から高校生にかけて、知識記憶よりも経験記憶に結びつける方が憶えやすくなっていくという感触を私は持っています。
　経験記憶というのは、自分のこれまでの経験などが絡んだ記憶なので、知識記憶よりも思い出しやすい。これまでは単純に記憶していくのが得意だったのに、どうも最近それが苦手になってきた、という人は、暗記の仕方を考え直して、自分の経験やエピソードなどに結びつけながら憶える方法に変えていった方がいいのではないでしょうか。」

　これは、6th Adviceで出てきたアウトプットと合わせて実践してみよう。その日憶えたことを、家族や友だちに話したりしてみれば、テストのときにも「あのとき、あそこでこんな話をしたな」と思い出しやすくなるに違いない。

Final Advice 始めることがやる気につながる

　池谷先生からの最後のアドバイスは、暗記はもちろん、勉強全体について、「やる気がおきない〜」という人に向けて。

「やる気がおきないということはありますが、やらないといけないときにまでやる気がでないという人には、『物事は始めてみるとやる気が出る』ということを、ぜひ知ってもらいたいですね。
　例えば、朝どうしても眠たくても、『エイッ』と起きてしまえば起きられるんですよ。ですから、勉強も、とにかく机に向かってみましょう。少しでもやっているとやる気が出てきますから。

物事は、やり始めることでやる気が出ます。やる気が起きないという人も、まずは少しでも始めてみるとよいでしょう。

終わりに

　効果的に暗記するためのさまざまなアドバイスが出てきたが、いかがだっただろうか。
　暗記が苦手な人は、こうしたアドバイスも「私には向いてなさそう」なんて思わずに、「始めてみるとやる気が出る」のだから、ぜひ試してみてもらいたい。1つでも2つでもしっくりくるものがあれば、暗記が苦手から得意に変わっていくかもしれないのだから。

東京都立国立高等学校
第九演奏会

この行事、どんな行事？
特色ある
学校行事！

どこの学校でも行うような文化祭や体育祭だけじゃなく、ちょっと変わった学校行事がある学校も魅力的だよね。今回は巣鴨高校の「大《だい》菩《ぼ》薩《さつ》峠《とうげ》越え強歩大会」と都立国立《くにたち》高校の「第九演奏会」についてご紹介します。一体どんな行事なのかな？　それぞれの高校に通う先輩にもお話しを聞きました！

巣鴨高等学校
大菩薩峠越え強歩大会

出発前の様子。夜の上野に全学年が集まります。

大菩薩峠の標高はなんと1897m！

朝日につつまれた頂上。ここで食べるお弁当は格別の味わいだそうです。

ゴールまであと少し！

随所に設けられたカードポストで生徒1人ひとりの動きをチェックします。

大菩薩峠越え強歩大会

巣鴨高等学校

私立　豊島区　男子校

歴　　史：今年で48回目
開　　催：毎年 GW のはじめ頃
準備期間：約1カ月

真夜中の2時にスタートし、標高2000m近い大菩薩峠を越える強歩大会。中1～高3までの全学年が参加する。巣鴨はほかにも早朝寒稽古や巣園流水泳学校など特色ある行事が多い。

山を登りきった頂上で食べる食事はすごくおいしいです！

水野《みずの》 遊大《ゆうた》 さん（高1）

5月に行われる巣鴨の「大菩薩峠越え強歩大会」は、ただの山登りとはひと味違います。なんと、出発は夜中の2～3時。全学年の生徒が真夜中に山道を歩いて頂上をめざし、東京と山梨の境に位置する標高1897mの大菩薩峠を越えて下山します。ゴールは翌日の午前11～12時ごろです。学年によって歩く距離が異なり、一番長い高3では約34㎞を歩きます。

強歩大会当日は午後9時に集合し、バスでスタート地点へ向かいます。到着後は仮眠をとり出発に備え、時間になったらクラスごとにスタートします。

「ぼくは今年初めて参加し、最初は2000m近い山を登れるかどうか不安でした。今年は途中で雨となり例年よりも大変だったそうです。足もとがぬかるんでいたり厳しい道のりでしたが、なんとしてでも頂上をめざすぞという気持ちでがんばりました。」（水野さん）

生徒は出発してしばらくは友人といっしょに歩きますが、次第にそれぞれのペースに合わせて1人で歩くそうです。休憩や食事をとる時間も自分たちで決めます。ルートの途中には先生がたやOBが待機し生徒たちを見守っているので安心です。また、随所に設けられたチェックポイントで1人ひとりの進行具合を確認しています。

「1時間も歩くと集団はばらけて1人になりました。OBの方々が声をかけてくれたので寂しい気持ちはありませんでした。あいにくの雨でしたが、頂上の休憩所で食べた朝ご飯はとてもおいしかったです。大菩薩峠越え強歩大会は貴重な体験のできる行事だと思います。」（水野さん）

巣鴨の強歩大会の醍醐味は、夜中に歩くことよりも夜明けに頂上を通過することにあります。苦労しながら登りきった頂上で夜明けを迎える経験は格別の思い出となり、また、自分のペースと向きあいゴールした達成感と喜びは、生徒の成長に大きな影響を与えることでしょう。

第九演奏会

東京都立国立《くにたち》高等学校

公立　国立市　共学校

歴　　史：今年で36回目
開　　催：毎年４月
準備期間：約７カ月

新入生歓迎会とは別に、新入生歓迎イベントとしての位置づけで行われる。プロの指揮者、ソリスト、オーケストラと約400人の国高生の合唱団で第九を演奏する。

歌い終わったあとは歌いきった、という達成感があります。

中村《なかむら》 円佳《まどか》 さん・松崎《まつざき》 祥吾《しょうご》 さん（第九委員会）

新入生歓迎の意味をこめて行われている都立国立の第九演奏会は「本物に触れ、本物を造ろう」という先生がたの熱意で始まりました。今年で36回を数え、プロの指揮者、ソリスト、オーケストラと国高生約４００人の合唱団がいっしょになってベートーベンの第九（交響曲第九番）を演奏します。

ほとんどの国高生は入学前からこの第九演奏会について知っているそうですが、初めてそれを見たときに、プロと同じ舞台に立って歌っている先輩がたの迫力に驚くそうです。

４００人というと、第２〜３学年の約３分の２の生徒がステージに立つことになります。この４００人のうち、３２０名は音楽選択者ですが、残りの80名は美術・書道選択者で構成する、第九サークル所属の生徒たちです。

プロのかたと同じステージに立つための練習期間は半年以上です。国高祭（文化祭）の終わった10月から、音楽の授業では４月までずっと第九の練習になります。また第九サークルの練習も10月から昼休みに週３回行われます。

「日本語の歌詞と違ってドイツ語なので、発音を覚えるのも苦労します」と、第九委員会の中村円佳さんはその大変さを話します。

また、オーケストラと合わせることができるのは、当日の練習のみ。４００人が一堂に集まれるのもわずかに３回と時間が限られていますが、そのなかで全員がハーモニーを合わせ、本番でのすばらしい歌声に繋がっています。

「プロのかたと同じ舞台に立って間近で聞けたことに感激しました。近くで聞くと重厚な響きがよくわかり、それに自分たちの歌を乗せられるのはとてもステキだと思いました」と語るのは同じく第九委員会の松崎祥吾さん。

国立高校の第九演奏会は、プロの音楽家と共演できる貴重な機会であり、ほかにはない一体感と感動を味わうことができます。

2015年（平成27年）完成予定の新校舎

社会に有為な
真の実力を育てる

SCHOOL EXPRESS

成城《せいじょう》高等学校

東京都　私立　男子校

中田《なかた》 秀夫《ひでお》校長先生

国家・社会に貢献する優れた男子の育成をめざし、個性を大切にしたきめ細やかな進学指導を行う成城高等学校。人間味あふれる学校生活や、手間を惜しまず生徒を見守る「普通の教育」にこだわり続けているのが大きな特徴です。3年後には創立130周年を迎え、新たな校舎が誕生します。

School Data

所在地　東京都新宿区原町3-87	アクセス　都営大江戸線「牛込柳町」徒歩1分	TEL　03-3341-6141
	生徒数　男子876名	URL　http://www.seijogakko.ed.jp

明治時代に創立された歴史ある男子校

　成城高等学校（以下、成城高）は、陸軍士官学校の予備学校を前身とし、1885年（明治18年）、日高藤吉郎によって京橋区（現中央区）築地に文武講習館という名で創立されました。その後1890年（明治23年）に牛込区（現新宿区）の現在地に移転しています。

　成城という校名は、中国の古典『詩経』大雅編のなかの「哲夫成城―哲夫ハ城ヲ成ス」からとられました。哲夫とは知徳のすぐれた男子をさし、城は国を意味します。「知徳の優れた男子は国を築く」ということです。現在の成城高の建学の精神である「知徳のすぐれた男子を育て、国家・社会に貢献する人材を輩出すること」もそこから生まれました。

　校章は三光星と呼ばれ、「知＝深い読みのできる能力」、「仁＝思いやり」、「勇＝勇気・決断力」の3つを表しています。入学してきた生徒たちには3年間でこの3つをバランスよく身につけてほしいという成城高の気持ちが込められています。

　校訓は「自学自習」・「質実剛健」・「敬愛親和」・「自治自律」と4つの言葉で、この教訓について中田秀夫校長先生は「『自ら主体的に学び、おのれを律する。飾ることのない自己を確立し、他者を敬い和を尊しとする』ということです。男子校で敬愛親和を入れているのは珍しいかと思います。人に対して敬い、愛しみ、親しみ、和すということです。すなわちこの言葉には人とのつきあい方が示されています」と話されました。

　人とつきあう基本はあいさつだということを伝えるため、中田校長先生は生徒たちに声を出してあいさつをするよう呼びかけています。いまではだれにでもあいさつをする生徒の姿が見られるようになりました。

近年増加している理系希望者

　成城高は中高一貫教育校でもあり、高校では中入生が進級してきます。中入生と高入生とのクラス編成は、原則として、高1では別クラスに分けられています。中入生5クラス、高入生1クラス、さらに今年度（2012年度）は人数の関係により、中入生と高入生が混じったクラスが1クラスという編成です。中入生は「単元別先取り授業」を行っているので、高入生との既習内容に少し差があるためクラスが分けられています。混合クラスにかんしては、英語・数学・国語・理科は別授業が行われています。

　カリキュラムも高入生と中入生で別にすることにより、高1の1年間で進度をそろえていきます。そして高2からは中入生と高入生がいっしょになり、文系と理系に分かれます。「本校はいままで文系クラスの生徒のほうが多かったのですが、近年は理系を志望する生徒が増えてきています。いまの高2で初めて理系クラスと文系クラスの数が同じになり、割合で言うと理系の生徒のほうが多くなりました」と中田校長先生。

成城祭（文化祭）

9月に中・高合同で行われます。全生徒がいろいろな角度からかかわる大きな行事で、クラス展示や文化部の生徒たちの発表などで毎年にぎわいを見せています。今年は「Re:Discover2012」というテーマで開催されました。

修学旅行

高２の11月に３泊４日で実施されます。生徒の希望も取り入れ、関西や東北など、複数のコースから選択できます。

高3では、「国公立文系」・「私立文系」・「国公立理系」・「私立理系」の4コースに分かれます。

成城高は3学期制で、週6日の50分授業を採用しています。国公立コースは月曜日から金曜日までが6時限、土曜日は4時限授業です。私立コースは午後が自由選択になっており、志望校・受験科目に応じて授業を選択できます。

講習の風景

現在の高3は「国公立文系」1クラス、「私立文系」4クラス、「国公立理系」2クラス、「私立理系」2クラスです。

生徒の学力を支える 夏休み・冬休みの進学講習

夏休みには夏期進学講習(希望制)が行われています。1学期の終了直後から2~3週間実施されます。高1と高2は第1期~第4期(各3日間ずつ)まで、高3は第6期まで講習期間が設けられています。

高1の講習は網羅的に講座が設定され、志望校を絞り込めていない生徒でも受講しやすくなっています。高2の講習は講座設定が細分化され、単元別や習熟度別に選択できます。高3は大学受験に直結した講座を中心に設定されています。

2学期の修業式直前には冬期進学講習(希望制)が各学年で実施され、第1期・第2期(各3日間ずつ)が設けられています。夏期・冬期ともに、1講座は110分授業で行われます。

また、成城高では日常的に補習を行っています。学習進度が遅れている生徒には、個々の生徒に応じた丁寧な指導が行われます。また、より高度な学習を望む生徒には新たな教材が提供されます。それについて中田校長先生は「数学では、先生が作った独自のプリントも希望者に配っています。職員室の先生の机の横にはプリントされた問題が用意してあり、生徒はそれを持って帰って解いてきます。先生がその解答を添削して生徒に返すということをしています。つまずいて前に進めない子や、逆にもっと深く学びたいという子のために行っています」と話されました。

受験を間近にひかえた高3の3学期は、希望者を対象にした講座制授業も行っており、このようなきめ細やかな成城高の指導が生徒の学力伸長をサポートしています。

未来の履歴書で 将来を意識する

進路指導の一環として、高1の夏

に「未来の履歴書」を作成させています。これは、自分が将来なにをやりたいかをベースとして考え、そのためにはどのような学歴が必要か、資格は取得すべきか、現時点でなにをしなければいけないのかといったことを記していくものです。

これに加え、将来の職業や進学する大学・学部などの研究、適性検査を行うことで、自身の将来像を強く意識づけていきます。そして秋には『未来の履歴書』をベースにし、生徒＋保護者＋先生の三者面談で進路を決めていきます。このときに高2で文系・理系どちらに進むかも検討します。

成城高では、現時点で本人の実力より上の大学であっても、本当に進学したい大学を志望し、その目標に向かって進むように指導しています。

来たる２０１５年（平成27年）、成城高は創立１３０周年を迎えます。その記念事業として現在新校舎建設が行われており、新しい成城の幕開けが近づいています。

成城高等学校には、さまざまな知識を吸収し真の実力を持った若者へと成長できる環境があります。

最後に中田校長先生は、受験生のみなさんに次のようなメッセージをにこやかに話してくれました。

「本校では生徒を立派な大人に育てます。基本は人の役に立てるような人間になってほしいです。それを教えるのが学校だと思っていますし、本校の3年間でそういった方向に向かえるよう生徒たちを指導していきます。」

体育祭

体育祭は毎年7月、3日間に渡り学年別のクラス対抗で行われ、球技大会とも呼ばれています。クラスからそれぞれサッカー、バレーボール、ソフトボール、バスケットボール、卓球の選手を出します。最後の全員リレーは1番の盛りあがりどころです。

2012年度（平成24年度）大学合格実績　（　）内は既卒

大学名	合格者	大学名	合格者
国公立大学		私立大学	
北海道大	1(0)	早大	51(21)
国際教養大	1(1)	慶應大	11(5)
宇都宮大	1(0)	上智大	11(2)
茨城大	1(1)	東京理科大	35(10)
筑波大	2(0)	明治大	53(21)
埼玉大	1(0)	青山学院大	19(7)
千葉大	3(1)	立教大	35(7)
電気通信大	2(2)	中央大	52(21)
東京工業大	2(1)	法政大	50(17)
東京海洋大	1(1)	学習院大	17(6)
東京農工大	2(1)	成蹊大	14(4)
横浜国立大	1(0)	その他私立大学	192(220)
信州大	2(1)	私立大学合計	419(370)
その他国公立大学	7(4)		
国公立大学合計	28(13)		

共立女子第二高等学校

The Second Kyoritsu Girls' Senior High School

新しい共立第二《わたしたち》が、始まっています。

緑豊かな八王子の丘陵地、旧共立女子大学キャンパスを全面リニューアル。完成した新校舎への移転も終了し、新教育課程を念頭にした「教育制度改革」も順調に進む共立女子第二高等学校。進学校としての機能を強化しつつ、のびやかでしなやかな女性の育成を目指す教育をさらに深化させています。

■新校舎はすべてがカレッジ水準

平成23年に移転した新校舎内部は、恵まれた自然環境に溶け込むように、いたるところに木の温もりが漂います。キャンパスの中央部への校舎移転によってグラウンドや大講堂にも近くなり、より効率よく授業やクラブ活動が行われるようになりました。職員室のある1号館は各階にオープンスペースが設けられ、休み時間や放課後には生徒が集い、先生にじっくりと質問や相談できる空間になっています。いくつもの校舎に周りを囲まれた、バラ園も広がる美しい中庭。ブラウジングコーナー、文芸図書コーナー、学習閲覧室など、多彩な空間を持つ広い図書館。さらに自習室やランチコーナーなども新たに設置され、生徒一人ひとり、いつもどこかに居場所がある、そんな居心地の良いキャンパスとなっています。

■「ELLE」とのコラボで誕生した新制服も好評

平成23年度よりデザイナーズブランド「ELLE」と共立女子第二とのコラボレーションユニフォームが採用されました。高校生の制服は落ち着いたグレー×縦長のパイピングで女性らしいデザインとなっています。正装のスカートが光の加減でチェック柄が浮き出る美しい昼夜柄になっていたり、シャツの前たて部分にも桜色を施していたり、ちょっとしたところにもおしゃれの気配りが感じられる制服です。「Peter MacArthur」のタータンチェックの替えスカート、セーター、ベストなどバリエーションも豊富に用意されています。

■幅広い進路志望に対応する新教育制度

より付加価値の高い「進学校」を目指して、カリキュラム改革にも乗り出しています。高校1年次におけるS（標準）クラス・AP（特進）クラスの分割、高2・高3におけるコース制導入などはすでに実施されていますが、平成24年度入学生より、さらに幅広いコース選択を可能としました。高校2年では「文系」「文理系」「特進私立文系」「特進国立文系」「特進理系」の5コース、高校3年では「特進理系」がさらに「特進私立理系」と「特進国立理系」に分かれ、計6コースからの選択となります。

なお、大学受験時においては「併設校特別推薦制度」がたいへん有効に活用されています。これは共立女子大学・短期大学の推薦入試による合格を獲得しつつ、さらに外部大学の受験を可能とする制度です。この制度の利用により、安心して難関大学にもチャレンジできます。

本校はほとんどの卒業生が大学・短大へ進学していますが、ここ数年、共立女

子大・短大への進学者と、外部大学への進学者の割合は、ほぼ半々となっています。ちなみに昨年度の主な外部大学合格者実績は、次のようになっています。数字は現役生のみです。これら難関大への合格者倍増を目標に、様々な教育活動を日々実践しています。

	2012
横浜国立大学	1
信州大学	1
首都大学東京	1
上智大学	4
早稲田大学	3
東京理科大学	2
青山学院大学	4
学習院大学	1
中央大学	11
法政大学	2
明治大学	4
立教大学	4

■給付奨学金制度
～もう一つのモチベーション

高校入試においては、一般入試の合計得点率により入学金や授業料等を免除する「給付奨学金制度」も設けています。入学金および授業料・施設設備費を3年間免除するS奨学生をはじめとし、得点率によりいくつかのパターンが用意されています。なお、推薦入試ですでに合格している受験生は一般入試を奨学生選抜試験として受験することができます。特に人数制限もありませんので、基準を満たせば何人でも選出されます。受験に向けてのさらなるモチベーションにして欲しい制度です。

共立女子第二高等学校

〒193-8666　東京都八王子市元八王子町1-710　TEL：042-661-9952　FAX：042-661-9953

学校説明会

10月27日（土）
11月24日（土）
〔14：00～〕
（両日とも個別相談あり）

個別相談会

12月1日（土）
12月8日（土）
〔9：00～12：00〕
（要予約）

アクセス

※JR中央線・横浜線・八高線「八王子駅」南口よりスクールバスで約20分

※JR中央線・京王線「高尾駅」より徒歩5分の学園バスターミナルよりスクールバスで約10分

School Navi 145

昌《しょう》平《へい》高等学校

埼玉県

北葛飾郡

共学校

School Data

所在地	埼玉県北葛飾郡杉戸町下野851
生徒数	男子1052名、女子534名
TEL	0480-34-3381
アクセス	東武日光線「杉戸高野台」徒歩15分、 JR宇都宮線・東武伊勢崎線「久喜」よりバス
URL	http://www.shohei.sugito.saitama.jp

高いレベルで文武両道を実践

昌平高の新しい取り組み

昌平高等学校（以下、昌平高）は東和大学の付属学校として発足したのち、2006年度より独立し〝新生昌平〟へと生まれ変わりました。

昨年（2011年）、校舎の一部・第2体育館・人工芝グラウンドを新設し、生徒の活動を支える新たな学習環境が整いました。緑豊かな環境のなか、生徒が気持ちよく学べる環境作りを行っています。

また、昌平高には独自の英語教育計画「パワー・イングリッシュ・プロジェクト」があり、英語授業数の拡大や校内英語スピーチコンテスト・英検全員受験を実施した結果、生徒の英語力は大きく伸びています。

目標に合わせたクラス編成

昌平高は、「特別進学コース」と「標準進学コース」があり、入学時より希望進路に合わせたクラスで学びます。

「特別進学コース」には東大や国公立大・医学部進学をめざす「T特選クラス」、難関国公立大・難関私立大進学をめざす「特選クラス」、国公立大・難関私立大進学をめざす「特進クラス」、部活動でも全国大会をめざす「選抜アスリートクラス」（2013年度新設）があります。

このコースは7時間授業制を採用しており、英語・数学・国語については週3回8時限目に「平日講習」を行います。夏休みには1・2年生全員を対象に3泊4日の「学習合宿」を実施し、学力のレベルアップを図ります。また春・夏・冬の長期休暇中にもそれぞれの教科で講習があり、受験に備えた学力を養います。

「標準進学コース」も同じく希望進路に沿ったクラス編成を行います。「選抜クラス」では、週6日制授業と週2回の「平日講習」が行われ、長期休暇中の講習も用意されています。1人ひとりの目標に合わせた指導で、G－MARCHレベルの大学合格をめざすクラスです。

さらに文武両道を掲げる昌平高ではこのコースに「選抜アスリートクラス」を併設しています。学校の指定部に所属し全国大会をめざす活動をしながら、G－MARCH以上の大学合格を目標とします。朝学習などの効率的なカリキュラムで学業と部活動の両立を図るクラスとなっています。

このような、生徒を確実に伸ばすためのサポートが、進学実績や部活動の躍進につながっています。それぞれの目標に向かって、より高いレベルでの文武両道が期待される昌平高等学校です。

School Navi 146

麗《れい》澤《たく》高等学校

千葉県

柏市

共学校

School Data

所在地	千葉県柏市光ヶ丘2-1-1
生徒数	男子317名、女子401名
TEL	04-7173-3700
アクセス	JR常磐線・地下鉄千代田線「南柏」バス5分
URL	http://www.hs.reitaku.jp/

麗澤の森で育まれる「心の力」

自然に恵まれた広大なキャンパス

千葉県柏市にある麗澤高等学校は、「麗澤の森」と呼ばれる47万㎡を有する広大なキャンパスが自慢です。生徒は、緑豊かな美しいキャンパスで伸びのびと高校生活を送っています。

麗澤では、知育・徳育・体育のバランスの取れた人物の育成をめざし、こうした理想的な教育環境のもと、独自の教育を展開しています。麗澤教育において最も重視されているのは、1人ひとりの「心の力」を鍛えること。道徳を科学的に研究する総合人間学・「モラロジー」（道徳教育）に基づく道徳教育をベースに、未来社会を担う人物に必要不可欠な3つの心の力「感謝の心・思いやりの心・自立の心」を育てます。

麗澤独自の取り組みをご紹介します。まず、「自分《ゆめ》プロジェクト」は自分の将来を見据えたキャリア教育です。高1の段階から、夢の実現を目標に、進路について具体的に考えていきます。つぎに、「国際的日本人教育」は、国際人としての資質を高めるために、日本の文化や歴史を考察するとともに、海外研修などの国際理解教育を通じて視野を世界へ広げるプログラムです。

さらに「寮教育」は、「心の力」を鍛錬する実践の場として、創立以来受け継いできているものです。遠隔地だけでなく、近隣の生徒も希望して寮生活しており、約15％の生徒が寮生活をしています。

将来への道を切り拓く3つのコース制

麗澤では、生徒に合わせたコース制を実施しています。高1では、「特進コース」と「文理コース」に分かれます。高2からは、各自の進路希望に即して難関国立大をめざす「ＴＫコース」、難関私立大・国公立大をめざす「ＳＫコース」、難関私立大はもちろん海外の大学への進学も見据えた「ＩＬコース」の3つのコースに分かれます。また、高1段階では中高一貫生とは別のコースとなりますが、高2からの3コースでは一貫生と高入生との混成となります。これにより、生徒同士で切磋琢磨し高めあう環境も作られているのです。

自然に囲まれた抜群の教育環境にある麗澤では、行事やクラブ活動も充実しています。

モラロジーに基づいた心の育成と、それぞれに合ったコース制が特徴の麗澤高等学校。広々とした「麗澤の森」では、生徒1人ひとりが未来をめざしています。

共学校

神奈川県立 柏《はく》陽《よう》高等学校

高いレベルの文武両道で人間性を育て希望進路を実現

創立から45年という歴史のなかで着実に成長を遂げてきた神奈川県立柏陽高等学校。文系・理系を問わず幅広く学べるカリキュラム編成で、希望進路を実現できる学力を身につけます。

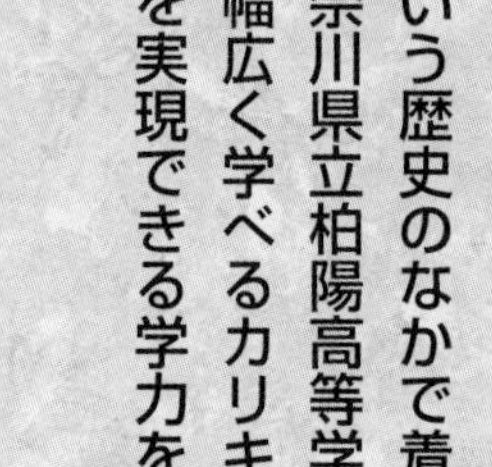

山本《やまもと》 明利《あきとし》 校長先生

交通の便に恵まれ 全県から生徒が集う人気校

ＪＲ根岸線の本郷台駅から徒歩5分。交通の便に恵まれた神奈川県立柏陽高等学校（以下、柏陽高）は、そのアクセスの便利さもあり、県内広範囲の地域から生徒が集まる人気校です。

柏陽高が創立されたのは１９６７年（昭和42年）。県立校としては比較的新しい部類に入る学校ながら、２００２年度（平成14年度）から5年間、文部科学省からＳＳＨ（スーパーサイエンスハイスクール）の指定を受け、さらに２００７年度（平成19年度）より県の学力向上進学重点校に指定されるなど、進学校として県内で認められる存在となっています。

近年、神奈川の公立高校では中長期的な視野に立った学校目標を設定しています。柏陽高ではその「果たすべき役割」として、「将来の社会でリーダーとして

体育祭

毎年6月に行われます。3つの学年を縦割りの3団に分け、各競技で優勝を争います。

活躍する人材の育成を目指し、豊かな人間性と社会性を育み、学力の向上と高い進路希望を実現する」という目標を掲げています。

　山本明利校長先生は、「本校は、大学合格実績も年々向上し、上位進学校としての評価もいただくようになりました。だからこそ、生徒には高校時代に学習面での成長ばかりではなく、人間性や社会性もしっかりと身につけてもらって、社会に出たときにリーダーシップがとれる人材になってもらいたい、バランスがとれた人間に育ってほしい、という思いを込めて、『果たすべき役割』を定めました」と説明されます。

特徴的な65分授業と幅広く学べるカリキュラム

　柏陽高は、授業時間数確保のため、1997年（平成9年）から2学期制を導入しています。授業は週5日制で、65分授業を1日5時限行います。65分授業は2004年（平成16年）から実施されています。

「65分授業は、生徒の集中力と授業時間の確保という2つの面から、効果的な時間配分と考えています。授業内での振り返りや小テスト、問題演習も可能です。学習内容の定着に効果的で、実験や実技にもメリットがあります。」（山本校長先生）

クラス編成は、1学年7クラスで、1クラス約40名。男女比は男子が約6割、女子が約4割となっています。

　カリキュラムについては、1年次では芸術（音楽・美術・書道）の選択以外はすべての科目を共通履修します。

　2年次には、将来の希望進路などにより、化学（理科）・日本史B（地歴科）・世界史B（地歴科）のうちから1科目を選択しますが、いずれを選択しても数学の授業時間数は減らないのが柏陽高の特徴です。

　3年生になると、必修科目と総合的な学習の時間は全生徒が共通で履修し、それ以外はそれぞれの進路に応じて選択した科目を学ぶことになります。

「国公立大・難関私立大を志望する生徒が多く、ほとんどが大学入試センター試験を受けます。ですから、さまざまな進路に対応できるように、2年生までは満遍なく履修します。」（山本校長先生）

　2年次の数学Ⅱ・数学Bでは、2クラスを応用クラス2・標準クラス1の3つに分ける習熟度別授業を実施しています。また、3年次のコミュニケーティブイングリッシュでは、習熟度別ではなく、会話力の養成を意識した少人数授業が行われています。英語の少人数授業も2クラスを3展開する形です。

　後期からは土曜日の午前中に土曜講習が行われます。希望制で、2011年は

柏陽祭
（文化祭）

秋に開催され、部やクラス単位でさまざまな企画をします。ハイライトはグラウンドで花火を打ち上げる後夜祭です。

合唱祭

1・2年生用が3講座、3年生用が14講座。大学受験を控える3年生の学力向上がおもな目的です。

夏休み、冬休みにも講習は用意されています。

夏季講習は、今年度は4期に分けて実施されました。講座数は、1年生対象が11講座、2年生対象が17講座、3年生対象が38講座と多数用意され、1講座につき90分授業が5日間にわたって続きます。平均して、生徒1人につき2・5講座に参加しています。

冬季講習は、3年生のための受験直前講習として開講され、生徒は自分の受験に必要な講座を受講します。

さまざまな力を身につける「科学と文化」の時間

2002年度（平成14年度）から5年間SSHの指定を受けていた柏陽高では、指定時代の取り組みが、現在も「総合的な学習の時間」や「校外講座」に引き継がれています。

1年生全員が総合的な学習の時間を使って学ぶ通称「科学と文化」がその1つで、グループごとに自然科学に関するテーマを決め、1年をかけて研究を進めていきます。

「生徒たちは4名程度のグループを作り、テーマを決めます。調べ学習や実験観察などを通して、まとめたものを最終的にはポスターや論文にして発表を行います。2月に校内の予備発表、予備選考会があり、選ばれた8グループは、3月中旬に横浜市の栄公会堂ホールで発表大会を行います。

『科学と文化』の学習を通じて、生徒の課題を発見する力、探求する力、まとめて言葉にする力、プレゼンする力が養われていきます。本校では自分たちで課題を見つけて、自主的に解決していくことを重視しています。これらは社会に出れば、教科の学力以上に必要とされる力だからです。」（山本校長先生）

ほかにも、日本科学未来館への訪問や、大学の先生や企業の技術者を講師として招くミニ講座「科学と文化」（Science-Workshop）、「自然科学講演会」、「校外講座」などが行われています。

一貫した進路指導と充実の学習環境

今年も東大合格7名をはじめ、多くの難関大学に合格者を輩出した柏陽高。

その進路指導は、キャリア開発センター（進路指導部）が中心となって、計画的に進められています。

きめ細かい進路相談、模擬試験の結果分析（学力分析検討会）、センター試験直前トレーニングなどに加えて、全員に配られる『進路資料』という冊子には、卒業生の合格先別の校内評定平均値など

部活動

吹奏楽部

陸上部

部活動の加入率は９割を超えています。運動部・文化部ともに盛んで、今年はソフトテニス、陸上部（競歩）がインターハイに、吹奏楽部が県大会で銀賞を受賞しました。

サッカー部

ラグビー部

施設・環境

演示実験室は階段教室になっています

席ごとに仕切りがある自習室

が載せられていて、希望大学絞り込みの判断基準が得られます。

「日々の授業を大切にした、基礎・基本の確実な定着により、センター試験では多くの生徒が好成績を収めています。学年全体で『受験は団体戦』という雰囲気にあふれています。」（山本校長先生）

授業やさまざまな学習プログラムを支える施設・設備も整っています。理科の実験室は、公立校としては珍しく全部で8つあり、学年集会が可能な約300名収容の多目的ホールや自習室もあります。これらの部屋と3年生のすべての教室には空調設備が完備されています。緑も多く、敷地も広い柏陽高で、生徒たちは伸びのびと日々を過ごしています。

そして、柏陽高の3年間は、勉強だけではなく、さまざまな学校行事や活発な部活動で彩られています。

「生徒には、勉強以外にも仲間と切磋琢磨して人格を磨きなさいということをよく話しています。インターハイに出場する生徒もいることでわかるように部活動を奨励していますし、学校行事にも積極的に取り組んでほしいのです。そうした活動を仲間と協力して行っていくなかで、社会性も身についていきます。大学合格実績は伸びていますが、本校は大学進学のみをめざす学校ではありません。ですから、本校にはあえて困難に立ち向かうようなチャレンジ精神を持った生徒さんに来ていただきたいですね」と、熱く語られる山本校長先生。

神奈川県公立高校の入学者選抜制度が2013年度（平成25年度）から変更され、それに合わせて柏陽高の選抜制度・選考基準も変わります。文武両道を高いレベルで実現している柏陽高に興味を持った方は、ぜひ一度説明会に足を運んでみてはいかがでしょうか。

2012年度（平成24年度）大学合格実績（　）内は既卒

大学名	合格者	大学名	合格者
国公立大学		阪大	2(1)
北海道大	4(0)	その他国公立大	18(6)
東北大	2(0)	国公立大合計	111(22)
筑波大	4(0)	私立大	
千葉大	6(2)	早大	58(12)
お茶の水女子大	2(0)	慶應大	31(8)
首都大東京	3(0)	上智大	25(11)
電気通信大	4(2)	東京理科大	48(13)
東大	7(1)	青山学院大	36(4)
東京外大	1(0)	中大	38(11)
東京海洋大	2(0)	法政大	25(2)
東京学芸大	3(0)	明大	104(36)
東京芸大	1(0)	立教大	47(11)
東京工大	8(3)	学習院大	5(3)
東京農工大	1(0)	国際基督教大	1(1)
一橋大	1(0)	津田塾大	3(0)
横浜国立大	25(2)	その他私立大	239(83)
横浜市立大	17(5)	私立大合計	660(195)

School Data

神奈川県立柏陽高等学校

所在地
神奈川県横浜市栄区柏陽1-1

アクセス
JR根岸線「本郷台」徒歩5分

生徒数
男子501名、女子341名

TEL
045-892-2105

URL
http://www.hakuyo-h.pen-kanagawa.ed.jp/

開智高等学校

徹底した受験指導プログラム

1～2年次に身に付けた「学びの姿勢」を活かして

何事にも意欲的な1・2年生

開智高校が生徒に求めるのは、自ら積極的に学校生活を送ろうとする姿勢です。授業における「学び合い」の導入、放課後自主活動（月・木は放課後も学習日、他の4日については既存の部活動に参加するもよし、自らサークルを立ちあげて活動するもよし、ひたすら独習するもよし）、生徒主体の学校行事（体育祭・時鐘祭（文化祭）、球技大会、ロードハイク等）。

1～2年次に積極的に学校生活に関わる姿勢を身に付けることで、3年次の徹底した進路学習プログラムが活きることになります。「学び合い」の学習は、先生の話を聞いて覚えることに加えて、自ら考え、調べ、発信することで、さまざまな考え方や発想に触れ、柔軟な思考と他者の尊重、さらなる自己向上をめざしています。

放課後自主活動については、すべてのコースの生徒に平等に活動の機会を与え、その中で個々の生徒が自分のやりたいことをやっていく、既存の部活動がなければ自ら創り出していくことを可能にしています。学校行事への関わりにしても、文化祭や体育祭があるから参加するというだけでなく、どうすればよりよいものにできるかを考え、必ず前年と違う企画を実施しています。

1・2年次に主体的・能動的な「学び」を身に付けた生徒が、3年次に用意されているさまざまなプログラムを有効に活用することで、進路目標を達成していくことになるのです。

3年次の受験指導プログラム

1．授業

S類は国立型時間割になっているため、月曜日から土曜日まで週34時間の授業を行います。理系・文系の違いによって、また理科・社会（高校では地歴公民）の選択科目によって時間割は異なりますが、原則全員が週34時間の授業を受けることになります。

一方D類は、国立大学を受験する生徒と私立大学のみ受験する生徒が混在していますから、国立大学を受験する生徒が授業を受けている時間に、私立大学しか受験しない生徒は、「独習」または「受験対策講座」を受講することになります。

2．放課後特別講座

1～2年次は月曜日と木曜日が放課後も学習日でしたが、高3になると、週6

入試説明会・個別相談日程

入試説明会　予約不要		所要時間約80分		個別相談　予約制
10月20日	土	10時00分～		10：00～16：30
10月27日	土	10時00分～	13時30分～	10：00～16：30
11月17日	土		13時30分～	10：00～16：30
11月23日	金・祝	10時00分～	13時30分～	10：00～16：30
11月24日	土		13時30分～	10：00～16：30
12月15日	土	10時00分～	13時30分～	10：00～16：30
12月23日	日	10時00分～		10：00～16：30

・入試説明会はすべて予約不要です。上履き・筆記用具を持参してください。
・個別相談会はすべて予約制です。詳細は開智高等学校ＨＰをご参照ください。

平成24年　大学合格数

国公立大学（ ）は現役		
大学名	合格者（499名卒業）	高等部（275名卒業）
東京大学	9(9)	
京都大学	3(3)	
北海道大学	3(3)	2(2)
東北大学	6(6)	4(4)
筑波大学	10(10)	3(3)
千葉大学	13(10)	5(4)
お茶の水女子大学	3(3)	3(3)
電気通信大学	7(6)	2(2)
東京外国語大学	4(3)	3(2)
横浜国立大学	10(10)	2(2)
埼玉大学	27(26)	23(23)
福島県立医科大学（医学部）	2(1)	1(1)
その他国公立大学	52(45)	28(25)
国公立大学合計	149(135)	76(71)

私立大学（ ）は現役		
大学名	合格者（499名卒業）	高等部（275名卒業）
早稲田大学	148(129)	42(35)
慶応義塾大学	65(60)	17(15)
上智大学	61(56)	22(17)
東京理科大学	153(128)	54(45)
明治大学	153(136)	46(38)
立教大学	92(87)	45(42)
法政大学	73(65)	51(43)
中央大学	57(53)	30(28)
青山学院大学	37(35)	14(13)
学習院大学	23(18)	14(10)
計	862(766)	335(286)

国公立大・医学部医学科	11(8)	1(1)
私立大・医学部医学科	31(25)	2(2)

日、1日3時間の「放課後特別講座」が実施されます。詳細は『学校案内』等で確認していただきたいのですが、たとえば、東大を受験したいと考えている生徒には、月曜日に英語・生物・物理、火曜日に現代文・世界史、水曜日に日本史・英語、木曜日に英語・古典、金曜日に数学・現代文、土曜日に古典・数学などの講座が用意されていますので（24年度1学期実績、2学期には再編成します）、生徒は自分で必要とする科目を各曜日の講座から選択して受講します。放課後特別講座はすべて無料で受講することができます。

3. 夏期講習

1～2年次の夏期講習は前半・後半あわせて10日間で、勉強合宿を合わせても2週間ほどですが、3年次は5日×6期の合わせて30日間実施します。多くの講座は2時間連続で行われ、1日3～4講座組まれ、今年度は合計160程の講座が実施されました。3年生の98%が何らかの講座を受講し、全期間受講した生徒もいますが、20日から25日程度受講する生徒が多数を占めています。長期休業中の講習は1時間あたり360円の受講料がかかります。

4. センター直前講習

2学期の期末考査終了後からセンター試験直前まで講習を実施します。冬季休業中は冬期講習として実施しますが、あわせて約1ヵ月間をかけ、徹底的にセンター試験対策を行います。詳細は入学後に説明しますが、センター試験で高得点をとるには、理解力とともにスピードが大切です。時間が足りなくてやり残してしまうことがないようにするためにも、より実践的に対策をたてていきます。

5. 私大・国立2次対策講習

センター試験直後から私大対策直前講習を実施します。志望校別に講座を設けて、志望校合格をめざします。また、平行して3月上旬まで国立2次対策講座を実施しますが、特に国立後期の対策はほとんどマンツーマンで行われ、最後まであきらめずに努力する生徒を徹底的にサポートします。

以上、3年次は徹底した受験対策を行いますが、この3年次のプログラムを有効に活用できるかどうかは、生徒一人ひとりの1～2年次の取り組みにかかっています。

大学受験で求められる学力は、授業中に先生に教わって身に付けたものだけでは不十分で、自ら考え、自ら問題を解いて定着させる必要があります。

開智高校の3年間のプログラムを有効に活用するために、何事にも積極的に関わり、自ら学ぶ意欲を持った多くの生徒に入学してほしいと思っています。そして学んだことで社会に貢献するという高い志を持って高校生活を送ってほしいと願っています。

KAICHI

開智高等学校

高等部（共学）

〒339-0004
さいたま市岩槻区徳力西186
TEL 048−793−1370
http://www.kaichigakuen.ed.jp/
東武野田線東岩槻駅（大宮より15分）徒歩15分

和田式教育的指導

脳科学に基づく新たな勉強法

今号で特集されている脳研究者の池谷裕二さんとお会いする機会があり、そこでおもしろいお話を伺ったので、今号はそのお話を勉強に絡めてお伝えしたいと思います。

記憶については7月号で「入力」「貯蔵」「出力」というお話をしましたが、最近の記憶研究でいろいろなことがわかってきています。

昔から言われていることですが、記憶力には思ったほど個人差はありません。1日の間に忘れる率にはあまり差がなく、「あの人は記憶力が抜群だ」という人がいますが、実験上では、そのような個人差は出ていません。

ところが勉強などのテストとなると、だいぶ個人差がつくことになります。「記憶力が悪いので差がつく」と思っている人が多いようですが、じつは復習の仕方や勉強方法が悪いから差がついてしまうのです。

暗記物の勉強は夜、寝る前に

今月の特集にもあったように、最近の記憶研究のなかで、とても重視されているのが睡眠です。寝る前にものを覚えると、寝ている間に脳に書き込まれているそうです。

例えば、寝る前に100個の単語を覚えたとします。すると、起きた直後にはまだ80～90個ぐらい覚えています。夜寝る前に覚えた記憶というのは、寝ている間に脳に書き込まれているので、翌日に残る量が多くなるわけです。

逆に、朝に100個の単語を覚えたとしても、寝る前にはかなり忘れている場合が多いのです。それは、朝に単語を覚えても、夜寝るまでの間に脳に書き込みが行われないので、起きている間に起こったさまざまな情報に上書きされてしまうからです。

ですから、よく朝型の勉強を勧められますが、記憶するということに関しては、寝る前、つまり夜型の方がいいということになります。眠いときに覚えるのはしんどいですが、英単語や社会科のような暗記が必要なものは夜寝る前にやった方がいいでしょう。

しかし、思考力を要するようなものに関しては、夜型が必ずしもいいというわけではありませんので、注意が必要です。

また、睡眠ということでは、もう1つおもしろいことがわかってきました。それは、昼寝をしても昼寝前に記憶したことは脳に書き込まれているということです。ですから、記憶を高めるためには昼寝も悪いことではないのです。だからといって授業中に寝てはいけませんよ。

復習のためのテストは網羅的に行う方がいい

脳にとっていい勉強法は、出力だということがわかってきました。しかも部分的に行うのではなく、網羅的に行うのです。

このような実験があったそうです。

40個の単語を覚えるためにテストを行い、その後、4つのグループに分けて別々の記憶法を試したそうです。

Aのグループは、満点が取れなかったら40個すべての単語を復習し、また40個全部のテストをします。これを満点が取れるまで繰り返します。

Bのグループは、間違えたところだけを復習し、40個全部のテストをします。これを満点が取れるまで繰り返します。

Cのグループは、40個全部を復習するけれど、テストは間違えた問題だけを行います。これを満点が取れるまで繰り返します。

Dのグループは、間違えた問題だけを復習し、間違えた問題だけをテストをします。これを満点が取れるまで繰り返します。

そして1週間後、A～Dのグループに同じテストをすると、大きく差が出たそうです。結果は、AとBのグループが約8割覚えていて、CとDのグループでは3割5分しか覚えていなかったということです。

このことから、記憶には出力が大切だということがわかります。そして、テストを網羅的に全部やることと、頻繁にやることが重要だということになります。間違えたところだけを復習すればいいやと思っていると、そこには落とし穴が待っているのです。

全部チェックして、全部テストすることです。テストして書くこと、出力することが記憶の定着をよくするのです。

記憶力をよくするためには、まず睡眠をうまく使うこと。そして復習するときはテスト形式で網羅的にやること。さらには個人差がないのですから今月の特集記事はよい覚え方だと思います。

気候も涼しくなり、勉強に適した環境になってきました。この3つのポイントを押さえて、これからの受験勉強に集中していってほしいと思います。

Hideki Wada
和田秀樹

1960年大阪府生まれ。東京大学医学部卒、東京大学医学部附属病院精神神経科助手、アメリカのカールメニンガー精神医学校国際フェローを経て、現在は川崎幸病院精神科顧問、国際医療福祉大学大学院教授、緑鐵受験指導ゼミナール代表を務める。心理学を児童教育、受験教育に活用し、独自の理論と実践で知られる。著書には『和田式　勉強のやる気をつくる本』(学研教育出版)『中学生の正しい勉強法』(瀬谷出版)『難関校に合格する人の共通点』(共著、東京書籍)など多数。初監督作品の映画「受験のシンデレラ」がモナコ国際映画祭グランプリ受賞。

共栄学園高等学校

「活力あふれる進学校」だから東京大学合格

■学校説明会（14:00～）
第2回　10月28日（日）
第3回　11月11日（日）
第4回　11月25日（日）
第5回　12月 2 日（日）

■埼玉県対象個別相談会
12月23日（日）10:00 ～

■学校見学会
10月6日（土）～12月16日（日）
（期間中の土・日・祝 10:00～15:00
14:30 までにご来校下さい）

「文武不岐」を掲げ、知・徳・体が調和した全人的な人間教育を目指す共栄学園高等学校。「活力あふれる進学校」をモットーに、近年、その大学進学実績の優秀さが目立ちます。平成22年度入試では、東京大学合格者を輩出。そして、平成23年度には、千葉大学や東京農工大学はじめとする国公立大学に10名合格するなど、過去最高級の進学実績となりました。

「特進」「普通」の2コース制で着実に歩み確かな夢を実現する

平成21年度、**東京大学合格者を輩出**した共栄学園高等学校。続く平成22年度には、**防衛大学校**をはじめとする国公立大学に5名、早慶上理に14名、G－MARCHには37名という合格者を出しました。そして、いよいよ本年度は、**千葉大学薬学部や東京農工大学農学部**をはじめ国公立大学に10名合格、早慶上理に20名合格、G－MARCHに49名合格するなど、**過去最高の進学実績**となりました。数字が表すように、着実に進学実績が伸び続けているのです。

こうした優秀な進学を可能にしたのが、共栄学園の「特進」「普通」の2コース制。特進コースでは、難関国公立大学や難関私立大学、国公立大学への合格に向けて確かな学力を身につける授業を展開。普通コースでは、有名私立大学合格に向けた授業を展開しています。

特進コースは、次の3つの柱のもと学習が進められているのが特徴です。

〔中高一貫の先取り学習を高校3年間で〕

1・2年次では、週37時間授業を行い、さらに、長期休暇中にも主要科目の授業を行います。これにより、高1で中高一貫生に追いつくことが可能となり、高2で、高校範囲の学習を修了します。

〔浪人生に負けない受験勉強時間を確保〕

1・2年次に先取り学習を終えた結果、3年次では週25時間の必修科目を受けるだけで卒業単位を満たせます。つまり、大学入試に必要な学習に十分な時間を確保できるのです。8時間の自由選択授業では、大学入試センター試験対策授業を自由に選択することができます。

また、予備校のサテネット講座や、夏休みには18日間の特別講座も実施され、学校で十分な入試対策が可能です。

〔特進コースに、選抜クラスを設置〕

さらに、特進コース生と中高一貫生のなかから成績などを考慮して編成される選抜クラスも設置。最難関国公立大学現役合格を目指し、よりハイレベルな授業が展開されています。

もちろん、普通コースでも深化した学習指導体制のもと、個々の能力を確実に伸ばす授業が行われています。

こうしたきめ細かな大学進学に向けての学習展開が、見事な大学合格実績となって現れています。でも、共栄学園が目指すのはもっと先。さらに大きく強く、生徒の「夢に向かう確かな力」を実現しようとしている共栄学園です。

共栄学園高等学校
東京都葛飾区お花茶屋2－6－1
京成本線「お花茶屋」徒歩3分
電話・03－3601－7136

※このページは43ページから読んでください。

解答 A. ゴミを収集すること
自然災害の生存者を捜索すること

最後の設問はこうだ。

問7．本文の内容に合っているものを２つ選び，記号で答えなさい。
a. The scientists in Tokyo taught the crows how to eat the nuts at the crossing.
b. Scientists think that crows are so intelligent that they can plan, solve problems, and teach new behaviors to others.
c. Klein made an experiment to see if crows are able to solve a problem not only in the laboratory but also in the wild.
d. According to Klein crows can adapt to the changing environment very well.
e. A lot of people believe that crows will increase in number and can help people solve their social problems.

このa～eは紛らわしく書かれている文だから、注意深く読もう。

a. The scientists in Tokyo taught the crows how to eat the nuts at the crossing.
＝東京の科学者たちは、交差点で木の実をどのように食べるかをカラスに教えた。

交差点を利用した木の実の食べ方は、カラス自身が見つけたのであり、科学者が訓練したわけでない。

b. Scientists think that crows are so intelligent that they can plan, solve problems, and teach new behaviors to others.
＝カラスはとても賢くて計画を立て、問題を解決して、新たな行動を他のカラスへ教える。

これは問題文全体に書かれていることに一致するね。

c. Klein made an experiment to see if crows are able to solve a problem not only in the laboratory but also in the wild.
＝クラインは、カラスが研究所でだけでなく野生でも問題を解決できるかをみる実験をした。

この文はつい正しいと思いがちだが，「研究所でだけでなく野生でも」というのが誤りだ。クラインさんは木の実の固い殻を砕いて食べる野生のカラスがいることを知って、研究所で訓練できないか実験をしたのだ。つまり、順序が研究所→野生でなくて、野生→研究所だね。

d. According to Klein crows can adapt to the changing environment very well.
＝クラインによれば、カラスは環境を変えることに十分に適応できる。

㊱、㊲の文に記されているように、自動販売機の実験で、カラスは環境が新しくなってもそれについていけるだけの知能の高さをもっていることが判明したと、クラインさんは考えている。

e. A lot of people believe that crows will increase in number and can help people solve their social problems.
＝カラスがたくさん増えて《in number increase》人間の社会問題を解決する助けになるだろうと、多くの人たちが信じている。

問題文を読み取れれば、これは見当違いだとわかる。

解答 A. b・d

この問題文には、難しい単語が少なくない。都立・県立の問題なら平易な単語が多いけれども、私立や国立の問題文には、かなり難しい語句が出てくる。しかも、訳注が付いていないこともよくある。この問題でも、例えばvending machineがそうだ。これが自販機だと知っていなければ、問題文を読み取りにくい。

難関高校をめざすなら、単語力を大いに増強することが望む結果に直結するということがわかるね。

※このページは43ページから読んでください。

＝カラス用の自動販売機《vending machine》をこしらえた。
㉔ Inside the machine were nuts.
＝機械のなかには木の実が入っていた。
㉕ He knew that crows were attracted to shiny things, so he put coins on the ground around the machine.
＝カラスは光る物《shiny things》に引きつけられるのを、クラインは知っていたので、機械の周りの地面にコインを置いた。
㉖ At first, the crows just picked up the coins.
＝最初は、カラスはコインをくわえた《picked up》のだった。
㉗ By chance, a few crows dropped some coins into the machine and were rewarded with a nut.
＝たまたま《By chance》、カラスが何羽か、コインを機械のなかへ落っことし、木の実を与えられた。
㉘ Soon, the crows appeared to understand the relationship among the（　A　）, the（　B　）, and the（　C　）.
＝じきに、カラスたちは（ A ）と（ B ）と（ C ）の関係を理解したようにみえた。

　空所Ａ・Ｂ・Ｃの設問をみてみよう。


問５．文中の空所（　A　）～（　C　）に入る英語１語を，それぞれ本文より探して答えなさい。


　クラインの作ったのは、コインを入れたら木の実が出てくる自動販売機だね。ぴかぴか光るものに興味を抱くというカラスの性質を利用して、まずコインをくわえさせる。そのうちに、くわえたコインを落としてしまうこともあるだろうが、それが機械のなかに落下すると、木の実が出てくる仕組みになっている。カラスはもちろん木の実をついばむ。それが繰り返されると、〈コインが機械に入ると木の実が出てくる〉という関係をカラスが知ってしまうというわけだ。

　４年前に行われたこの実験を、クラインさん自身が映像で示しながら説明している動画が、ネットに公開されている。ワガハイも見てみたが、なかなかおもしろかった。クラインさんのスピーチも、いかにもアメリカ人らしくユーモラスだったし、この問題文で「東京のとある郊外」とされているが、クラインさんは「Sendai（仙台）」と述べているなど、話が詳細でいっそう興味がかき立てられるものだった。

解答 A. A = coin　B = machine　C = nuts

㉙ Klein's experiment, along with other research, shows how well crows can adapt to new challenges.
＝クラインの実験は、ほかの調査とともに《along with》、カラスが新しい課題《challenges》になんと巧みに適応できるかを示している。
㉚ They are also good at using new resources.
＝カラスは新たな資源《resources》を利用するのも得意だ。
㉛ This is particularly useful in large cities, where the environment is constantly changing.
＝これはとくに《particularly》大都市で役に立つ。そこでは環境が絶えず《constantly》変化している。
㉜ And as anyone who lives in a city knows, crows grow well in cities.
＝そして都市に住むだれもが知っているように、都市のカラスはよく増える《grow》。
㉝ In fact, people living in cities see crows as a problem.
＝実際《In fact》、都市の住民はカラスを問題視する。
㉞ The birds make a mess and are very noisy.
＝鳥類は散らかし、とても騒々しい《noisy》。
㉟ But Klein thinks we could find ways to accept crows and even give them (5) <u>useful work</u>.
＝だがクラインは、我々人間がカラスを受け入れて役に立つ仕事までも与える方法を見つけられないかと考えた。

㊱ After all, he reasons, if crows can use a vending machine, why can't we train them to do more useful things?

＝結局《After all》、カラスが自動販売機を使えるなら、もっと役に立つものごとができるように、どうして訓練できないことがあろうか、と彼は推論する。

㊲ For example, why can't we train them to pick up garbage or search for survivors of a natural disaster?

＝例えば《For example》、ゴミ《garbage》を拾ったり、自然災害の生存者を探索したりするように、私たちがカラスを訓練できないことがどうしてあろうか。

これで問題文は終わりだ。カラスは賢い鳥だから、人間の役に立つよう訓練できないことはないだろう、という内容だったね。では、残っている２つの設問を片付けよう。まず問６から。

問６．下線部（５）の具体例として文中にあるものを，日本語で２つ答えなさい。

　useful work は「役に立つ仕事」だ。その具体例は、㊲に明記されている。文の冒頭に、For example とあるのだから、ここに具体例が記されているに決まっている。
　pick up garbage or search for survivors of a natural disaster という箇所は、２つの事柄が or で結ばれている。
　・pick up garbage
　　or
　・search for survivors of a natural disaster
この２つが正答だね。

※このページは43ページから読んでください。

ので、驚いて《in surprise》目を見張った

⑩ They knew crows could use tools, but could they make them?

＝カラスが道具を使えるのは知っていたが、カラス《they》が道具《them》を作れるのだろうか？

⑪ (3)<u>That</u> was something new.

＝それは新発見《something new》だった。

下線部（3）の設問はこうだ。

問3．下線部（3）の内容を日本語で説明しなさい。

<u>That</u>はsomething newだ。crows could use tools（＝カラスが道具を使える）というのは、They（＝the scientists）は知っていた。だが、道具を作れるかどうかは疑問だった。だから、something new（＝新しいこと→新たに知ったこと→新発見）だというわけなんだね。

解答 A. カラスが道具を作れるということ。

⑫ Clearly crows were more intelligent than they had thought.

＝明らかにカラスは、思っていた以上に賢かった《intelligent》。

⑬ In another show of intelligence, a group of crows in a Tokyo suburb have learned a new way to get lunch.

＝賢さ《intelligence》はほかにも見られ《In another show》、東京のとある郊外《a suburb》のカラスの集団は昼食を得る新たな方法を学びとっていた。

⑭ They fly over crossings and drop nuts in front of cars.

＝カラスたちは交差点《crossings》の上を飛び回り、車の前に木の実《nuts》を落とした。

⑮ The cars drive over the nuts, and the crows wait for the light to change.

＝車が木の実の上をひいて行き、カラスは信号《the light》が変わるのを待つ。

⑯ When the light turns red, the careful crows fly down and eat the nuts〔(4)<u>fear / over / run / of / without / being</u>〕.

＝信号が赤に変わると、注意深いカラスたちが降りてきて木の実を食べる〔fear《心配》 / over《上を》 / run《走る》 / of《について》 / without《しないで》 / being《られること》〕。

下線部(4)の設問だ。これは少し難しい。

問4．下線部(4)の〔　　〕内の語を正しく並べかえなさい。

英語力の高い人は、熟語run overの意味やwithoutの用法を知っているから、正答を見抜けるだろう。

交差点にカラスたちは木の実を落としておく―そこに車が走ってきて木の実の上を通過する―木の実は車にひかれて固い殻が砕ける―信号が赤になり、車は停止する―カラスが降りてきて割れた殻のなかから露出した実をついばむ―停止した車にひかれる恐れはなく、安心して実を食べられる―、というわけだ。なんと賢いではないか。

without～は「～なしに・～することなしに・～をしないで」という意味だ。「～」には名詞類（名詞や、動名詞・代名詞・不定詞など）をあてるので、without fear of…（＝…について心配なしに・…を心配しないで）となる。「…」にも名詞類をあてる。

なにを心配するとかしないのか。もちろん車にひかれてしまうことだ。「ひく」ということは、車が「その上を通過して走行する」ということだ。つまり、run overということだ。だから、「ひかれる」は受身で、be run overと言う。

beを動名詞にするとbeingになる。being run overは「ひかれること」だ。without fear of being run overは、「ひかれることを心配しないで」という意味になる。

解答 A. without fear of being run over

⑰ The behavior has become widespread as more and more crows teach it to others.

＝その行動《behavior》はほかのカラスたちへどんどん《more and more》教えるにつれて《as》広まって《widespread》いった。

⑱ After watching crow behavior in the laboratory and in the wild, scientists now believe that the birds are not just acting instinctively.

＝研究室と野生とで、カラスのふるまいを観察《watching》したあと、鳥類は本能的に行動するだけでない《not just》と、いまでは科学者たちは信じている。

⑲ They believe that crows have the ability to plan, solve problems, and teach new behaviors to others.

＝計画を立て、問題を解決《solve》し、新たな行動をほかのカラスへ教える能力《ability》がカラスにあることを、科学者たちは信じている。

⑳ It is clear that crows, like primates and dolphins, are highly intelligent.

＝カラスは霊長類とイルカのように知能が高いのは明らかだ。

㉑ These stories of crows attracted the attention of a named Joshua Klein.

＝これらのカラスの話はジョシュア・クラインという作家の注意を引きつけた。

㉒ To find out if crows could be trained, Klein designed an experiment.

＝カラスを訓練できるかどうかを解明《find out》するために、クラインはある実験を企画《designed》した。

㉓ He built a vending machine for crows.

anyone who lives in a city knows, crows grow well in cities. In fact, people living in cities see crows as a problem. The birds make a mess and are very noisy. But Klein thinks we could find ways to accept crows and even give them (5) useful work. After all, he reasons, if crows can use a vending machine, why can't we train them to do more useful things? For example, why can't we train them to pick up garbage or search for survivors of a natural disaster?

（注） New Caledonian ニューカレドニア（オーストラリアの東にある島）の　research lab (oratory) 研究所
test tube 試験管　beak くちばし　sticky tape 粘着テープ
instinctively 本能的に　primate 霊長類
reward ～にほうびを与える　relationship 関係
adapt 適応する　environment 環境
make a mess 散らかす　reason 推論する
survivor 生存者　disaster 災害

長めの文章だね。これをすぐにスラスラ読める中学生は少ないだろう。ゆっくり読みながら、設問に答えてゆこう。さあ、始めるぞ（前回同様、逐語訳ではなく、くだけた日本語訳だよ）。

① Betty, a New Caledonian crow living in a research lab, was hungry.
＝ベティは、ニューカレドリア島の研究所で飼われている《living》カラスだが、腹ぺこだった。

② She could see a piece of meat at the bottom of a glass test tube, but she could not reach it.
＝ガラスの試験管の底に肉が１切れあるのを見つけた《could see》が、届かなかった。

③ In the wild, crows use small branches to dig into trees to get insects.
＝野生の《In the wild》カラスは、小枝をくわえて木に突っ込み《dig》、虫を捕まえる。

④ There were no small branches in Betty's cage, but (1) that didn't stop the hungry crow.
＝ベティの鳥カゴには小枝はまったくなかったが、そのことで腹ぺこのカラスがじっとする《didn't stop》ことはなかった。

that にアンダーラインが引かれている。問１だ。

問１．下線部（１）の内容として最も適切なものを選び，記号で答えなさい。
a. Betty was hungry in the research lab.
b. Betty could see a piece of meat in the test tube.
c. In the wild, crows use small branches to dig into trees to get insects.
d. Betty had no small branches for getting the meat in her cage.

下線部の that はなにをさすだろうか。There were no small branches in Betty's cage（＝ベティの鳥カゴに小枝はまったくなかった）をさす、とわかるね。

これを選択肢 d と並べてみよう。
・There were no small branches in Betty's cage
・Betty had no small branches for getting the meat in her cage.（＝ベティの鳥カゴには肉を取るための小枝がまったくなかった）。

この２つが同じ意味と、すぐにわかるだろう。

解答 A. d

⑤ She found a straight piece of wire that someone had left in the cage.
＝だれかが鳥カゴのなかに置き忘れていた《had left》真っ直ぐな針金を、ベティは見つけた。

⑥ She picked it up with her beak.
＝それをくちばしでくわえた。

⑦ Then she stuck the wire under some sticky tape that was also in her cage, and bent the wire.
＝それから鳥カゴのなかにあった粘着テープも見つけ、針金をくっ付けて《stuck》、曲げた《bent》。

⑧ Finally, she used (2) her new tool to get the piece of meat from the test tube.
＝結局、ベティは新たな道具を使って、試験管から肉切れを取った。

ここで下線部（２）の問いを解こう。

問２．下線部（２）が指すものとして最も適切なものを選び，記号で答えなさい。
a. bent wire　b. small branches
c. sticky tape　d. test tube

うっかり c の粘着テープと答えたくなる。だが、⑦をよく読むと、stuck the wire under some sticky tape（＝粘着テープの下に付けた）、and bent the wire（そして針金を曲げた）というのだから、粘着テープは針金を曲げるために使ったのであり、その曲がった針金で肉切れを引っかけて取ったのだ、とわかるだろう。

解答 A. a

⑨ The scientists in the lab watched in surprise as she took the piece of meat in her mouth.
＝研究所の科学者たちは、ベティの口に肉切れがあった

※このページは43ページから読んでください。

教育評論家 正尾 佐の

高校受験指南書

Tasuku Masao

七拾一の巻

今年出た難しい問題1【英語】

長いはずなのに、終わってしまうと短く感じる夏休み、いよいよ入試本番が足早に近づいてくるような気分になるのが2学期だ。焦りも強くなってくる時期だ。そういうときは、やや易しめの練習問題と逆にやや難しめの練習問題とを学習するのが効果的な方法の1つ。

焦りが増している人には悪いのだが、毎年、11月号から「今年出た難しい問題」シリーズを3カ月続けている。それで最後のしめくくりにしてきたので、今年もそうしよう。英語問題が難しいのは、早稲田実業学校をはじめ、いくつもある。そのなかから、桐朋高校の問題を取りあげる。とびっきり難しいというほどの問題ではないが、問題文の内容が興味深いので選択した。

カラスに関する次の英文を読んで，後の問いに答えなさい。

Betty, a New Caledonian crow living in a research lab, was hungry. She could see a piece of meat at the bottom of a glass test tube, but she could not reach it. In the wild, crows use small branches to dig into trees to get insects. There were no small branches in Betty's cage, but (1) that didn't stop the hungry crow.She found a straight piece of wire that someone had left in the cage. She picked it up with her beak. Then she stuck the wire under some sticky tape that was also in her cage, and bent the wire. Finally, she used (2) her new tool to get the piece of meat from the test tube. The scientists in the lab watched in surprise as she took the piece of meat in her mouth. They knew crows could use tools, but could they make them? (3) That was something new. Clearly crows were more intelligent than they had thought.

In another show of intelligence, a group of crows in a Tokyo suburb have learned a new way to get lunch. They fly over crossings and drop nuts in front of cars. The cars drive over the nuts, and the crows wait for the light to change. When the light turns red, the careful crows fly down and eat the nuts〔(4) fear / over / run / of / without / being〕. The behavior has become widespread as more and more crows teach it to others.

After watching crow behavior in the laboratory and in the wild, scientists now believe that the birds are not just acting instinctively. They believe that crows have the ability to plan, solve problems, and teach new behaviors to others. It is clear that crows, like primates and dolphins, are highly intelligent.

These stories of crows attracted the attention of a writer named Joshua Klein. To find out if crows could be trained, Klein designed an experiment. He built a vending machine for crows. Inside the machine were nuts. He knew that crows were attracted to shiny things, so he put coins on the ground around the machine. At first, the crows just picked up the coins. By chance, a few crows dropped some coins into the machine and were rewarded with a nut. Soon, the crows appeared to understand the relationship among the (　A　), the (　B　), and the (　C　).

Klein's experiment, along with other research, shows how well crows can adapt to new challenges. They are also good at using new resources. This is particularly useful in large cities, where the environment is constantly changing. And as

宇津城センセの受験よもやま話

ある男子の手記②

宇津城　靖人先生
早稲田アカデミー　特化ブロック　ブロック長
兼 ExiV西日暮里校校長

「おい、おっさん！　やめろよ。嫌がってんだろ？」

　明らかにイヤがっている彼女を見て、ぼくは自分の衝動を止めることができなかった。考えるよりも先に身体が動き、口が勝手にしゃべっていた。ぼくは怒鳴りながら、このあといったいどうなってしまうのだろうと考え始めていた。

「あん？　なんだお前？　中坊がいきがってんじゃねえぞ！」

　ああ、やっぱりだ。カムランは顔を真っ赤にしながらぼくに突っかかってきた。ぼくに向かって怒鳴ったとき、彼の息からとんでもなくイヤな臭いがした。朝からお酒を飲んでいるのだろうか。

「中坊で悪いのかよ！　あんたこそ、いい大人のくせに朝からセクハラまがいのことしてんじゃねえよ！　彼女が嫌がってんのがわからねえのかよ！」

「てめえ、調子こいてんじゃねえぞ！」

　カムランは怒鳴りながら立ちあがり、持っていたスポーツ新聞を両手でグシャグシャに丸めて床に叩きつけた。そして、ぼくの胸倉を荒々しくつかんだ。ああ、殴られるのイヤだなあ。

「おい、あんた。子供相手になにやってんだよ！　やめろよ！」

　近くの座席に座っていたサラリーマン風の人が駆けつけて、加勢してくれた。この人はオメガさんだ。いつもオメガの時計を大事そうにハンカチで磨くので、そのあだ名をつけた。オメガさんはぼくの胸倉をつかんでいるカムランの腕を取ると、ぼくから引き離してくれた。

「どうしました？　なにがあったんですか？」

　と、バスの放送器具から声が響いた。気がつくと、バスは停車していた。運転手も騒ぎに気づいたらしい。完全にバス内の世論を味方につけることができている。これならば、大丈夫だ。

「この人が、嫌がる彼女に卑猥《ひわい》な記事を無理やり見せて、卑猥なことを言ってたので、やめるように言ったんです。」

　ぼくは間髪いれずに解説した。これで状況がみんなに伝わったはずだ。

「おいあんた、本当か？　中学生に指摘されて、それで怒鳴ったり胸倉をつかんだりしてたのか？」

　オメガさんは、怒り心頭の様子でカムランに詰め寄っている。運転手も運転席から、こちらの座席に向かってきた。

「どうしたんですか？」

「いや、この男がこの中学生にセクハラ行為をやめろと言われて、逆上して騒いだみたいなんです。」

　オメガさんが説明をしてくれた。

「お客さん、本当ですか？」

　運転手もカムランに詰め寄っている。

「いや、俺はただ…。」

　カムランも事態がマズイ方向に進んでいることを感じはじめたのだろうか、怒鳴らずにおろおろしながら言った。

「お客さん、お酒臭いね。申し訳ないけれど、ウチのバスはマナーを守れない人には乗ってもらいたくないんでね。ここで降りるか、警察に行くかどっちかにしてもらえませんかね。」

運転手が丁寧だが断固たる意志が感じられる話し方でカムランに突きつけた。そう言うと運転手は運転席に向かった。すぐにブーっとブザーが鳴って、プシューっとバスの降車扉が開いた。

「ほら、あんた。降りなよ。」

オメガさんが促している。

カムランはカバンを網棚から取ると、バスの降車口に向かった。動作からイライラ感が伝わってくる。そして、まるでドラマのような、いわゆる典型的な、日常ではお目にかかれない捨てゼリフを残してバスを降りた。

「覚えてろよ！」

カムランが降りた途端にブーっとブザーが鳴り、ドアが閉まった。ドアを閉めると運転手はこちらに戻ってきた。

「ありがとうございました。」

ぼくはオメガさんと運転手にお礼を言った。

「いや、災難だったね。君の行動は正しいよ。よく頑張った。ただ、大人がみんなあんな人間ばかりだとは思わないでほしいな。」

オメガさんはにこやかにそう言って、ポンポンとぼくの肩を叩いた。

「うん。ああいう人にはバスに乗ってほしくないね。今後もなにかあったらすぐに言うんだよ。」

運転手はぼくのYシャツの襟元を直しながら、さっきまでとは違うやさしい口調でそう言った。

「あの、ありがとうございました。」

座席に座っていた彼女が不意に立ちあがって、オメガさんと運転手にお礼を言った。

「いやいや、礼にはおよばないよ。むしろこの少年に言うべき台詞だよ、それは。」

と言って、オメガさんは自分の座っていた席に戻った。

「お嬢さんは、大丈夫？」

「はい、大丈夫です。お騒がせしました。」

彼女は運転手に応えると、床に落ちた自分のカバンを拾った。

「じゃあ、発車しますね。座ってください。」

そう言って運転手は運転席へと戻って行った。

ぼくは自分が座っていた席に戻ろうとしたとき、床になにか落ちていることに気づいた。彼女のカバンが落ちたあたりに、例のキーホルダーの割れた一部が、サーフボードの半分が転がっていた。さっきカバンが落ちた際に、床にぶつかって割れてしまったのだろう。ぼくはそれを拾うと、彼女に手渡そうとした。

「みなさま、お騒がせしました。発車します、お座りください。」

そう言われて、急いで座らなきゃと思った。そしてなぜか彼女の隣に座ってしまった。するとバスが動き出した。

「あの、ありがとう、助けてくれて。」

彼女は笑顔でぼくにお礼を言った。

「いや、騒ぎになっちゃって、かえってごめんなさい。みんな怒鳴ってたから怖かったでしょ？」

「ちょっとだけ。でも、大丈夫。」

「そう。なら、よかった。あ、そうだ。さっきそこでカバンが落ちたときに、これ、折れちゃったみたいだよ。」

そう言ってぼくは割れたサーフボードの半分を彼女に手渡した。

「あ！　キーホルダーの！　ああ、折れちゃったんだ…。」

彼女はとても悲しげな顔をした。ぼくはその顔を見て、彼女がものに愛情を注げることがとてもいいなって思った。

「大切なものだったんだね。」

「うん。お母さんと旅行をしたときの思い出の品なの。」

「そっか。」

「ずっと大切にしてきたのに…。」

彼女はいまにも泣きそうな声でそう言った。ぼくはいままでそれを見て「丘サーファー」なんてあだ名をつけていた自分を恥じた。

「直せるよ、それ。」

「ホント？」

「うん。ぼくの友だちにケータイのデコレーションとか、ネイルアートとかすごく上手なやつがいるんだ。そいつに頼めば、たぶん直せると思う。ただ、そいつはクリエーターとしてのプライドがあるから、つなぎ目を隠すためになんか飾りをつけたりしちゃうと思うけど。」

「全然いいよ、そんなの。むしろありがたいくらい。ホントに直せる？」

「うん。たぶん。」

「こんなことまでお願いしちゃっていいのかな。」

そう言いながら、彼女はカバンにくくりつけてあるキーホルダーを外した。

「いいんだよ。これもなにかの縁だし。」

「じゃあ、よろしくお願いします。」

彼女はぼくにキーホルダーを手渡すと、ペコリとお辞儀をした。

「そういえば、自己紹介がまだだったね。私は沙希。倉田沙希。A学院高校の1年生です。」

A学院！　頭いいんだ、この人。「丘サーファー」恐るべし。

「ぼくは、隼人。宮下隼人。K中の3年です。すみません。先輩にタメ口利いてたんですね。」

「タメ口でいいよ。むしろ助けてもらってばかりで、私が敬語を使わなきゃいけないくらい。」

「そうですか？　ってこれ敬語ですね。ってこれも丁寧語だ。」

「あはは。無理しなくていいけど。でも普通にお話ししてね。」

ぼくの降りるバス停が近づいてきた。

「ごめん。もうバス降りなきゃ。明日もこのバスに乗るよね？」

「うん。」

「じゃあ連絡先とかは、また明日。」

「本当にありがとう。よろしくね。」

ぼくは彼女に手を振ってバスを降りた。ぼくの人生もちょっといい感じになってきたなあと思いながら、足取り軽く学校へ向かった。

国語

東大入試突破への現国の習慣

**自ら覚悟して
突き進むのが受験勉強。
将来のために
最善をつくしましょう！**

田《た》中《なか》 利《とし》周《かね》先生
早稲田アカデミー教務企画顧問

東京大学文学部卒。東京大学大学院人文科学研究科修士課程修了。文教委員会委員。現国や日本史などの受験参考書の著作も多数。早稲田アカデミー「東大100名合格プロジェクト」メンバー。

慇・懃・無・礼?!
今月のオトナの四字熟語
「危機管理」

九月一日が「防災の日」だというのはご存知ですよね？　地元で開催された防災訓練などに参加した皆さんも多いことでしょう。あらためて、災害に対する備えや心構えは万全だろうか？　と自問するよい機会でもあります。

言うまでもありませんが、九月一日は、関東大震災（大正十二年）が発生した日です。十四万人以上の死者と四十四万棟以上の家屋焼失を招いた大震災でした。九月一日を「防災の日」と定めたのは、この甚大な被害を忘れないようにするためと、暦の上では二百十日にあたり台風シーズンをむかえることからも、国民に注意を喚起する目的で、昭和三十五年六月十七日閣議の了解のもとに決定されたのです。

地震や豪雨などの災害は、いつどこに襲いかかるかわかりません。家庭や地域、学校などで日ごろから避難場所や非常用品の確認を行っておきましょう。備蓄食料は最低でも三日分の用意をしておくのですよ！　ひとりで一日に必要な飲料水は三リットルぐらいですからね！「非常持出品」は、すぐ持ち出せる場所に置いておきましょう。ついでに言うと、緊急避難のときに持って逃げる「非常持出品」と災害後の生活をささえる「非常備蓄品」は、分けて備えておきましょうね！

こうした、いつ起こるかわからない自然災害や危機事象に備えて、予め体制を整えておくことは、とても重要なことです。皆さんがお住まいの自治体にも「危機管理室」といった部署が置かれ、住民の生命や財産を守るために、日々防災力の向上に取り組んでいると思います。

さて、この「危機管理」という言葉ですが、もとは英語になります。「管理」は英語でｍａｎａｇｅｍｅｎｔ・マネジメントです。ピーター・F・ドラッカーの『マネジメント』という本が有名ですが、英語でマネジメントと言えば「管理」とともに「経営」も意味するのですよ。ビジネスマンが読む経営書ですね。その経営書を、マネージャーの「ハウツー本」だと勘違いして、女子高生が手にとってしまうという設定なのが、ベストセラーとなった『もし高校野球の女子マネージャーがドラッカーの「マネジメント」を読んだら』ですね。ドラマにも映画にもなりましたので、皆さんも「聞いたことがある」という反応ではないでしょうか。

では「危機」の方はどうでしょうか。実は、日本語の「危機管理」という言葉は、二つの英語の言葉を、両方意味しているという状況になっています。一つは

ｃｒｉｓｉｓ　ｍａｎａｇｅｍｅｎｔ・クライシスマネジメント。もう一つはｒｉｓｋ　ｍａｎａｇｅｍｅｎｔ・リスクマネジメント。クライシスとリスク、ともに「危機」と日本語表記されることがありますが、この二つの言葉の持つ意味合いは、随分と違うものなのです。

　クライシスというのは、既に発生した事態を指しています。これに対してリスクというのは、まだ発生していない危険を指します。ここから、クライシスマネジメントとリクスマネジメントの違いが見えてくると思います。つまりクライシスマネジメントというのは、既に起きた事故や事件に対して、そこから受けるダメージをなるべく減らそうという発想なのです。ですから、大災害や大事故の直後に設置される「危機管理室」というのはクライシスマネジメントのことになるわけです。ぴったりとくる日本語は「善後策」になると思います。

　これに対してリスクマネジメントは、これから起きるかもしれない危険に対して、事前に対応しておこうという行動になります。ですから、今後予想される首都直下地震に備えて、現在各自治体に設置されている「危機管理室」の方は、リスクマネジメントのことになるわけです。こちらにぴったりくる日本語は「最善をつくす」になるでしょうか。

　クライシス（Ｃｒｉｓｉｓ）の語源は、「将来を左右する分岐点」という意味だそうです。既に起きた事態を扱うということは、どうしても受動的になります。マイナスをいかに減らすかが目的となりますから。それでも、ダメージからうまく回復して、プラスの方向に向かわせるという点で、重要なことなのです。

　リスク（Ｒｉｓｋ）の語源は、「絶壁の間を船で行く」という意味だと言われています。たとえ両岸が絶壁であっても、あえてそこを越えないことには将来もひらかれないというわけです。リスクは、自ら覚悟して突き進む危険という意味にもなるのです。

　身近な例にあてはめてみましょう。外出するときに雨が降っても濡れないですむよう、折り畳みの傘を用意していくのはリスクマネジメントですね。これに対して、傘を持たずに出て雨に降られてしまい、あわてて雨宿りの場所を探したり、コンビニでビニール傘を買ったりするのはクライシスマネジメントです。

　受験の世界での「危機管理」は、リスクマネジメントと考えたいですね。もしクライシスマネジメントだとしますと、受験を失敗した後にあわてて対策を考えることになってしまいますから。あくまでリスクです。どんな入試問題が出題されても対応できるように準備しておくこと、ですね。

　そして、入試当日に熱を出したりしないように、インフルエンザの予防接種を受けておくこと、ですよ！

グレーゾーンに照準！
今月のオトナの言い回し「大局的な」

「大局」とは、物事の全体の動き・なりゆき、を意味する言葉ですね。反対語をあえて挙げるとすれば…「局所」が分かりやすいでしょうかね。本来「局所」は「大域」の対義語ですので、若干のニュアンスの違いはありますが、「全体」の反対語が「部分」というように、理解しておいて下さい。

　全体のなりゆきを見て判断する、といった立場を表すのに使われるのが、「大局的な見地」という言い回しです。ものの見方、という観点からすると、「大局的」の反対語には「近視眼」という言い回しが登場します。遠くのものがはっきり見えない「近視」という表現で、比ゆ的に「大局の見通しがきかないこと」を意味しているのですね。ここでは「近視眼」という言い回しに、否定的な意味合いが込められており、「大局的」であるべきだ！　という含意でもあるのです。

　「大局的な見地から」という表現には、「物事を、細部にとらわれずに、大きな視野に立って、広く慎重に見る」という、まさに、理想のオトナの姿があらわれているようですが…オトナの事情というのはそんなに単純ではない、ということを、この連載をご覧の皆さんはもうお気づきでしょう。

　「細部にとらわれずに」というのは、言い方を変えれば「おおざっぱな」ということになります。「大きな視野」というのは、逆に焦点がぼやけてしまい、「はっきりとせず、不確かなまま」を認めることになってしまいます。「広く慎重に」というのも、細部はつめずにそのままでいることになり、結局「つかみどころのない態度」や「あいまいな決定」を容認することになるのです。まったくもって「漠然とした」様子が浮かび上がってきますよね。

　沖縄県の尖閣諸島を巡る問題について政府が発表したコメントをご存知でしょうか。「個別の事案が日中関係全体に影響を与えるべきではなく、大局的な見地から戦略的互恵関係を深化させていくことが大事だ」なんですね。「大局的な見地から」という表現には、「物事を、おおざっぱに、不確かなまま、つかみどころのないようにする」という、まさに、のらりくらりとドジョウのように決断から逃げ回っている…そんなオトナの姿も映し出されてしまっているのです（笑）。

との交点のうち、x座標が正の数である点をQとし、点Oと点Qを結ぶ。また、直線mとx軸との交点をRとする。

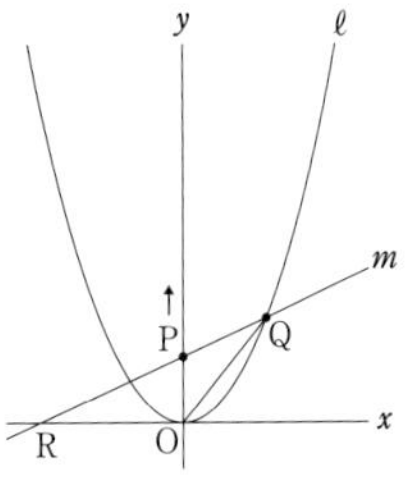

点Oから点(1,0)までの距離、および点Oから点(0,1)までの距離をそれぞれ1cmとして、次の(1)、(2)に答えよ。

（都立・立川）

(1)　点Qのy座標が4のとき、△POQの面積は何cm^2か。

(2)　△PROの面積が△POQの面積の3倍となるのは、点Pが点Oを出発してから何秒後か。

<解き方>

(1)　点Qは$y=\frac{1}{2}x^2$上にあるから、$y=4$を代入して、$\frac{1}{2}x^2=4$かつ$x>0$より、$x=2\sqrt{2}$

よって、直線mは傾き$\frac{1}{2}$でQ$(2\sqrt{2},4)$を通るので、その方程式は、$y=\frac{1}{2}x+4-2\sqrt{2}$

これより、POを底辺とすると、△POQの底辺の長さは$4-2\sqrt{2}$、高さは$2\sqrt{2}$だから、

△POQ$=\frac{1}{2}\times(4-2\sqrt{2})\times2\sqrt{2}=\mathbf{4\sqrt{2}-2}(\mathrm{cm}^2)$

(2)　高さが等しいから、△PRO：△POQ＝RP：PQ＝3：1

点Qよりx軸に垂線を引き、x軸との交点をQ′とすると、

PO//QQ′よりRP：PQ＝RO：OQ′

よって、RO：OQ′＝3：1

これより、OQ′$=t(t>0)$とするとRO$=3t$より、R$(-3t, 0)$

また、Q$(t,\frac{1}{2}t^2)$だからRQ間の傾きは

$$\frac{\frac{1}{2}t^2-0}{t-(-3t)}=\frac{\frac{1}{2}t^2}{4t}=\frac{1}{8}t$$

ここで直線mの傾きは$\frac{1}{2}$だから、$\frac{1}{8}t=\frac{1}{2}$

よって、$t=4$だからRO＝12

これより、PO$=\frac{1}{2}$RO＝6 だから、△PROの面積が△POQの面積の３倍となるのは、点Pが点Oを出発してから**６秒後**となる。

続いて、放物線と円の問題を見てみましょう。

次は、円の中心がy軸上にあるものです。

問題3

点C(0,3)を中心とする半径$\sqrt{6}$の円が、放物線$y=\frac{1}{2}x^2$と異なる４点で交わっている。その４つの交点の中でx座標が正である２つの点のうち、原点Oに近い方をP、遠い方をQとする。また、PCを延長した直線と円の交点をRとし、円とy軸の交点のうち原点Oに近い方をSとする。点Pのy座標をaとおくとき、次の問いに答えなさい。

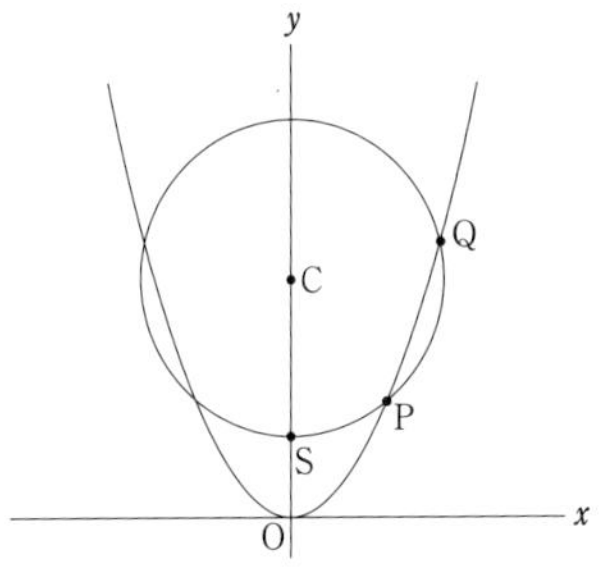

（慶應義塾女子）

(1)　次の[ア]～[ウ]にもっとも適切な数や式を入れなさい。

点Pはこの放物線上にあるので、そのx座標をaで表すと[ア]であり、CP^2をaで表すと[イ]となる。

また、点Pは点Cを中心とする半径$\sqrt{6}$の円周上にあることから、$a=$[ウ]となる。

(2)　おうぎ形CSQの面積を求めなさい。ただし、円周率はπとする。

(3)　△PRSの面積を求めなさい。

<解き方>

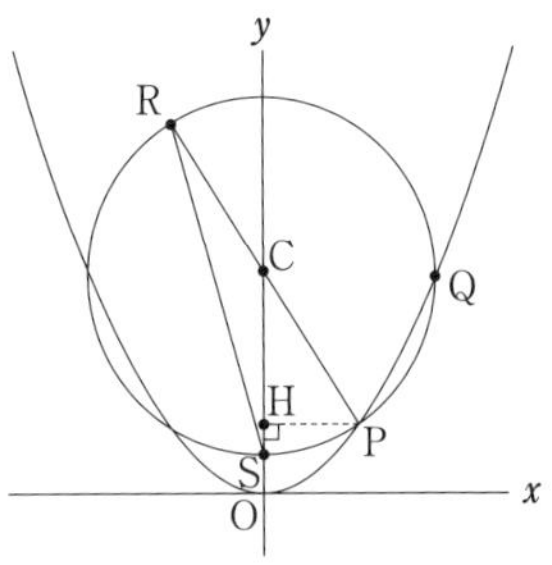

(1)　$\frac{1}{2}x^2=a$ かつ$x>0$より、

$x=\sqrt{2a}$……ア

点Pからy軸におろした垂線とy軸との交点をHとすると

C(0,3)、P$(\sqrt{2a}, a)$だから、

三平方の定理より、

$CP^2=HP^2+CH^2=(\sqrt{2a})^2+(3-a)^2=\mathbf{a^2-4a+9}$……イ

CP$=\sqrt{6}$だから、イより、$a^2-4a+9=6$

これを解くと、$a=1,3$ となり、この２つの解は、それぞれ２点P、Qのy座標を表している。

原点Oに近い方がPであるから、$\mathbf{a=1}$　……ウ

(2)　(1)のウより、Qのy座標は3だから、∠OCQ＝90°

よって、(おうぎ形CSQの面積)$=(\sqrt{6})^2\pi\times\frac{90}{360}=\mathbf{\frac{2}{3}}\pi$

<注>問題図では∠OCQが直角に見えませんが、円の問題では問題の図が不正確に描かれていることはよくあることで、図にごまかされないように注意が必要です。

(3)　△PRS＝△CRS＋△PCS

CR、PCはともに円Cの半径であり、これらを底辺と見ると、高さが等しいため△CRS＝△PCS、

CS$=\sqrt{6}$、HP$=\sqrt{2}$より、

△PRS＝2△PCS$=2\times\frac{1}{2}\times\sqrt{6}\times\sqrt{2}=\mathbf{2\sqrt{3}}$

関数の融合問題は、必要とする定理や解法が多くなるぶん、難しく感じられることもあると思いますが、三角形であれば三角定規の形であったり、円の中心が軸の上や線分の中点にあったりするなど、特別な形をしている場合がほとんどです。関数と図形の学習が同時にできると前向きに考えて多くの問題に取り組み、この分野のポイントをつかんでほしいと思います。

数学

楽しみmath 数学！DX

関数と図形の融合問題 三平方の定理～円

登木 隆司先生
早稲田アカデミー　城北ブロック ブロック長
兼 池袋校校長

今月は関数と図形の２回目として、２次関数（$y=ax^2$）のグラフと面積、三平方の定理や円との融合問題を学習します。

はじめに、面積の問題を見ていきましょう。

問題1

右の図において、曲線アは関数$y=ax^2$のグラフであり、直線イは関数$y=-\frac{1}{2}x+3$のグラフである。点Aの座標は(2, 0)である。また、点Bは曲線ア上の点で、点Cはy軸上の点であり、四角形OABCは長方形となっている。直線イと、y軸、線分AB、x軸との交点を、それぞれP、Q、Rとする。

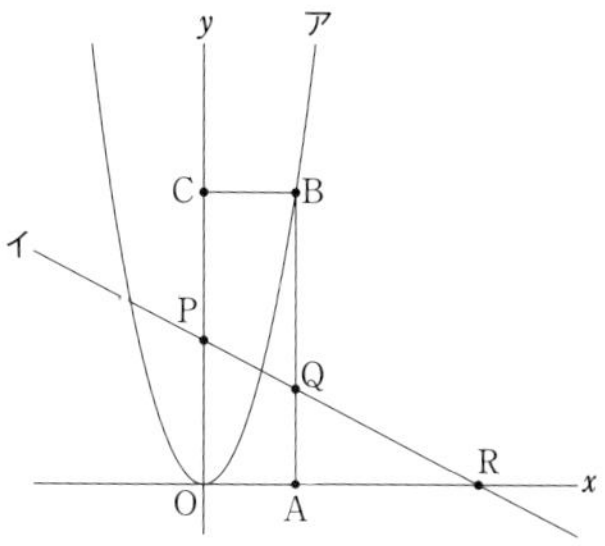

このとき、次の（1）、（2）の問いに答えなさい。ただし、$a>\frac{3}{4}$で、Oは原点、座標の目盛りの単位はcmとする。（茨城県）

（1）　長方形OABCの面積が16cm^{2}のとき、aの値を求めなさい。

（2）　△ARQと台形BCPQの面積が等しいとき、aの値を求めなさい。

<解き方>

（1）　A(2,0）より、B(2,4a）だから、OA＝2、AB＝4a
これより、（長方形OABCの面積）＝4a×2＝8a　……①
よって、8a＝16より、**a＝2**

（2）　△ARQ＝台形BCPQより、△ARQ＋台形POAQ＝台形BCPQ＋台形POAQ
これより、△ORP＝長方形OABC
点P、Rは、それぞれ$y=-\frac{1}{2}x+3$とy軸およびx軸との交点だから、P(0, 3)、Q(6, 0)
よって、△ORP＝$\frac{1}{2}$×6×3＝9
これと①より、8a＝9だから、**$a=\frac{9}{8}$**

<注>（2）のように、等しいもの同士に同じものを加えても等しい（$a=b$ならば$a+c=b+c$）という等式の性質は、図形の応用問題にもよく使われる考え方です。

次は、面積比と線分比の関係を利用する問題です。

問題2

右の図で、曲線ℓは$y=\frac{1}{2}x^2$のグラフを表しており、点Pは、原点Oを出発し、y軸上を正の向きに毎秒1cmの一定の速さで動く。

点Pを通り傾き$\frac{1}{2}$の直線をmとし、曲線ℓと直線m

英語

ニュースな言葉

Olympic medalists parade

川村 宏一先生
早稲田アカデミー　教務部中学課　上席専門職

All the Japanese medalists from the London Olympics will take part in a parade in Ginza, Tokyo.

今年の夏の大きな話題として、ロンドンオリンピックは外せないでしょう。幅広い種目で多くのメダルを獲得して、日本中が盛りあがりました。オリンピック閉幕後に私たちをさらに盛りあげたのが、メダリスト（イギリス英語では medalist）たちによるパレードでした。今回は、そのパレードの開催を知らせる英文です。特別難しい英単語はないので、頭から訳してみましょう。

All the Japanese medalists／（日本のメダリスト全員が）／from the London Olympics／（ロンドンオリンピックの）／will take part in a parade／（パレードに参加します）／in Ginza, Tokyo.／（東京、銀座で）

今回は最初に一気に日本語に訳してしまいましたが、よく見ると頻出のイディオム'take part in～'が入っています。同義の英単語として'participate（参加する）'や'join（加わる）'などがあります。現在パレードはすでに終わっていますが、この英文は、これからパレードがあるという未来の予定のニュースなので、助動詞'will'を用いて未来形にしています。

では、その未来時制の英文法をおさらいしましょう。未来に起こる予定のこと、あるいは起こりそうなことを表すときは、'will＋動詞の原形'と'be going to～'があります。この2つの違いはなんでしょう？　この両者の違いはとても微妙なのですが、突然決まった予定を表すときには'will'を、予め決められていた予定を表すときには'be going to～'を使うのが一般的です。今回のパレードは、ロンドンオリンピックの結果を受けて、急きょ実施が決まったものだから'will'が用いられているというわけです。

一方、「私は来年16歳になります」と言いたいとき、'I will be sixteen next year.'と'I am going to be sixteen next year.'は、どちらも正しい英文です。しかしこの場合、後者の'be going to～'を使った英文は、ネイティブには若干違和感があるようです。なぜかと言うと、主語や話し手の意志に関係のない自然の成り行きを示すのには'will'を用いるのが通例だからです。しかし、16歳になるのが間近だったり、特別な感情を持っていたりするときは'be going to～'で表現できます。 'I am going to be sixteen next month.'は「私はいよいよ来月16歳になります」といったニュアンスになります。同じ未来を表す語句でもこのようにニュアンスが違うなんておもしろいと思いませんか？

【訂正】10月号の記事に一部誤りがございました。お詫びとともに訂正いたします。（サクセス15編集室）
〈誤〉Ichiro Suzuki, who has been played with…
〈正〉Ichiro Suzuki, who has played with…
〈誤〉I talked my…
〈正〉I talked to my…

文法のポイント

未来時制のつくり方をおさらいしましょう。助動詞 'will' を使った肯定文は、'主語＋will＋動詞の原形' の順番になります。
I will watch the movie tomorrow.
（私は明日映画を見るつもりです）

日常会話では 'I will' を短縮して、'I'll' という言い方をします。

この否定文も短縮できますが、肯定文のときの短縮形と異なるので注意してください。
誤）I'll not watch the movie tomorrow.
正）I won't watch the movie tomorrow.

否定文のときは、'will not' を短縮して 'won't' という形になります。

ここで、
私はもっと輝く

特別進学類型

国公立・難関私立大学に現役合格することを目標にカリキュラムを組んだ類型です。将来の進路を明確に抱き、高い学習意欲を持った生徒に対応するべく、週4日7時間授業を実施。2年次からは進学大学の学科を想定し、文系・理系いずれかを選択。3年次に入ると志望校に向けた科目選択制となり、目標に的を絞った密度の高い学習内容で、大学合格を確実なものにします。その他、手厚い進学プログラムを用意し、3年間で万全な体制を築いていきます。

主な進学先 [国立]**東工・電通・千葉**など [私立]**早稲田・東京理科**など

大学進学率 84.6% 現役合格率 89.7%

選抜進学類型

難関私立大学への現役合格を主な目標にカリキュラムを組んだ類型です。週4日の7時間授業をはじめ、私立受験に照準を合わせ、授業や科目選択の自由度を設定しています。数学・英語は習熟度別の授業を行うことで理解を確実なものにします。2年次からは進学先を想定し、文系・理系別の授業を選択。大学や学部に求められる学力を構築。また、通常の授業に加えて、進学プログラムを活用することで難関校の突破を図ります。

主な進学先 **中央・法政・獨協・成蹊・武蔵・明治学院・芝浦工**など

大学進学率 81.1% 現役合格率 87.8%

普通進学類型

生徒一人ひとりの進路先に対応できるよう、柔軟性を持ったカリキュラムで構成される類型です。得意科目を伸ばすことと、苦手科目を確実に克服することに重点を置き、将来の進路先が明確でない生徒でも、習熟度によって可能性を広げながら進路先を確実なものにしていきます。2年次からは文系・理系のクラスに分かれて高度な目標を設定。その他、希望制による夏期・冬期の進学講座や、進学プログラムなどによって、3年間の努力が確実に実を結びます。

主な進学先 **青山学院・法政・武蔵・成城・獨協・日本・東洋・駒澤**など

大学進学希望者の大学進学率 89.8% 現役合格率 93.0%

文理進学類型

単なる大学進学に必要な学力だけでなく、その先の社会を生き抜くための人間力をも育てることに主眼を置いたカリキュラムです。一般教科は公立高校の普通科よりも授業数を多く設定し、加えて本校独自の学校設定科目を組み入れています。2年次からは文系科目に比重を置いたII類と、理系科目を充実させたI類に分かれ、受験への対応力を高めます。学校設定科目では、体験型、探求型の授業を行い、最適な学部選定や将来のキャリアデザインの支援も行っています。

主な進学先 **獨協・日本・東洋・大東文化・亜細亜・帝京・東京電機**など

大学進学希望者の大学進学率 93.8% 現役合格率 95.4%

学校説明会・個別相談

10月28日〔日〕	①13:30 ②14:
11月 3 日〔祝・土〕	① 9:30 ②10:
11月10日〔土〕	①14:00 ②14:
11月17日〔土〕	①14:00 ②14:
11月23日〔祝・金〕	① 9:30 ②10:
12月 1 日〔土〕	①14:00 ②14:

※全体会終了後、希望制で個別相談を行います
※事前の予約は必要ありません

TOSHIMA GAKUIN

学校法人 豊昭学園

豊島学院高等学校

併設/東京交通短期大学・昭和鉄道高等学校

特別進学類型 選抜進学類型 普通進学類型 文理進学類型

〒170-0011 東京都豊島区池袋本町2-10-1 TEL.03-3988-5511(代
最寄駅:池袋/JR・西武池袋線・丸ノ内線・有楽町線 徒歩15分 副都心線 C6出口 徒歩1
北池袋/東武東上線 徒歩7分 板橋区役所前/都営三田線 徒歩15分

http://www.hosho.ac.jp/toshima.htm

類史における文字の出現と、乳幼児における読み書き能力形成のエピソードです。

人類が言語を聞き、話すというだけの言語運用のなかから、文字を出現させ、それを読み、書くという段階に運用の幅を広げるには、数万年単位の途方もない時間がかかっています。同様に、乳幼児がわずかでも文字を読み書きできるようになるには、4～5年はかかります。

つまり、「聞く」「話す」という領域からの言語習得は、きわめて自然だけれども、同時に、きわめて時間のかかるものだということ。しかもこの英語学習を、他科目の勉強もしなくてはならない多忙な中高生が行うわけですから、「聞くこと話すこと」に優先させて、人類史の成果である文字を介して「読むこと書くこと」を手っ取り早く先取りするというのは、ある意味では、きわめて効率的なものだと言えますし、正しく教育が行われれば、聞く話す読む書くという序列よりも、はるかに短い時間で、英語の習得も可能になるはずです。極端なことを言えば、私たちは人類が数万年かけて形成した文字運用力を、一気に先取りしているわけです。

身体運動としての高校受験
思考訓練としての大学受験

それでも、中学生の場合はいまだ子どもと言ってよい段階ですから、人間本来の言語獲得序列は、まだ高い効果を持っています。

乳幼児並みに潤沢な時間を用意するならば、という厳しい条件つきではありますが、たくさん話し、たくさん聞くことで、英語力がアップすることは間違いありません。小学生ならいっそう効果的であり、小難しく文法や和訳の技法を教えるよりは、英語になるべく多く触れさせ、多く聞かせることで、自然と英語のメカニズムが脳内に形成されていきます（ただしこれによって、母語の運用能力が低下することは、あってはなりません）。私たち早稲田アカデミーでも、新部門IBS（Integrated Bilingual School）を新たに設立し、小学校低学年を対象とする英語教育セクションとして、上記のような人間本来の言語習得過程を重視しつつ、母語および、他科目の論理的思考力まで練成する方法の開発研究と実践に努めています。

どれだけ楽しませ、興味を持たせるか、そして、その結果、母語を超えない範囲でどれだけ多くの時間と量を、英語漬けにするか。もう少し専門的に言ってしまえば、どれだけ英語学習を、身体の一部として身体運動の延長上に位置付けられるかが小中学生には重要です。

さて、高校生。高校生になるとまず、時間的制約というものが、これまでの学習法の転換を迫り、英語をひたすらやればよいという従来の方式は、変更を余儀なくされます。

しかし、思春期を迎え、少し大人になったからこそ、ものごとを効率よく進めよう、効果的にまとめようという意識が生まれます。

例えば高校1年生の初めの講義で、私は「単語はもはや闇雲にうのみにするものではない」と言い放ったうえで、このような実例をあげています。

「centipede」これは、「ムカデ」という意味を持つ名詞ですが、例えばこれを、ひたすら暗記して済まそうとするのが、高校生になるまでの学習法であったかと思います。

ところがこれにひと工夫をして、centipedeという語を2つのパーツ“centi”と“pede”に分けてみます。そのうえで、このパーツを内蔵する既知の単語をあげてもらいます。すると、century「世紀」、centimeter「センチメートル」、cent「1セント」、percent「百分率」、pedal「ペダル」、pedicure「ペディキュア（足の爪に塗る装飾）」と浮かびます。前者は「百」という意味を、後者は「足」という意味を共通して持っています。

両者を合わせれば「百足」、すなわち、「ムカデ」です。この一連の手続きをふまえれば、millipedeという昆虫は、ムカデよりも足の多い「ヤスデ」であり、expeditionは、「外に足を向けること」ですから、「遠足、冒険、遠征」であり、足の爪に塗るのがpedicureだから、manicureという語における“mani”というパーツは「手」を意味するのだな。となると、高校入試の社会で学んだmanufacture「手工業」という語についた“manu”も似たものだろう。

となると、“facture”の部分が「工業」に関係があるのだろう。となると、商品を作る工場のことをfactoryと書くのも関係がありそうだ。“pede”の“p”の音を似たような“f”の音に、“d”の音も似たような“t”の音に読み替えたら、foot「足」という単語が生まれるけれど、これも関係があるのだろうか。という次第に、「～となると…なのかな」という知識と推論の連鎖が、頭のなかに続々と秩序づけられていきます。

ここにあげた事例は、ごくごく1つにすぎませんが、Success18の勉強は、「そういうことだったのか」という発見の驚きと喜びに満ちており、新しい論理秩序の構築と問題解決法の推論的模索、自明視してきた暗記事項の批判的再検討と、既存知識の創生過程への遡及《そきゅう》と再現に努めています。

高校に入学し、ほっとひと息。長い道のりをたどり終えたとき、私たちSuccess18が、その肩をそっとたたきます。振り返ったときに眼に入る道と風景に輪郭を与え、名前を与え、世界を支える秩序を与える。それが、私たちの仕事です。みなさんとの勉強を楽しみにしています。

次回は数学科、白濱裕司先生が担当します。

梁山泊はかく語りき

英数国の担当責任者が各科目への新しい向き合い方を伝授します。

久津輪 直先生

早稲田アカデミーサクセス18ブロック
副ブロック長
兼　Success 18渋谷校校長

開成・早慶附属高校合格者を多数輩出してきた早稲田アカデミー中学部が誇る、傑出した英語教師。綿密な学習計画立案と学習指導、他科目講師とチームとなって連携指導する卓越した統率力は、高校部門Success 18校長として着任後も、遺憾なく発揮。2011年春の入試では、渋谷１校舎約130名の高３生から、東大22名、早慶上智大97名という歴史的快挙を達成。週末は、現役の開成必勝担当者として、その辣腕をふるっている。

田中良平先生
英語科

Sucess 18最高峰講座である東大必勝の英語講座を担当し、高校３年生英語科カリキュラム・教材策定も兼任。平日は、池袋校・渋谷校の特別選抜クラスであるTopWinも担当する、Success 18英語科の理論的支柱。卓抜した語学力を活かし、語源学・統語論・形態論などの、英語学の専門諸分野を横断しつつ、文学や歴史学などの周辺領域も巻き込む学際的講義を展開。最上位生の絶大な支持を集めるとともに、徹底をきわめる成績管理と効率的学習法により、受講生の学業成績も例外なく上昇。東大をはじめとする最難関大学の合格数・合格率においては、例年全講座を先導する実績を残し、2011年入試では、サクセス渋谷校の約40名の英語クラスから、東大22名合格を達成。2012年入試でも、サクセス池袋校英語クラス約20名の半分以上が、東大（理科Ⅲ類含む）、京大、一橋大、大阪大、東京医科歯科大のいずれかに進学。なお、このときのセンター試験英語のクラス平均点は、194点だった（満点は200点）。

はじめに

こんにちは。早稲田アカデミー高校部門Success18の久津輪直といいます。いよいよ、入試まで３～４カ月という季節に入りましたね。目の前の目標とともに大切なのが、「その先を見つめること」。

みなさんの生きる道は、15歳の春に終わるものではありません。15の春は、人生のきわめて大切な分岐点ではあるけれども、人生最後の瞬間ではない。そこからまた先の、希望に満ちた未来がある。私たちSuccess18は、そうして始まる高校生となったみなさんの新しいステージを、大学受験という枠組のなかでサポートします。

これから４回の連載では、我らが誇る英語、数学、国語のトップ講師に登場してもらい、これから先の未来に向けた、新しい勉強への視点と姿勢を提示してもらいます。第１回目は、英語科田中良平先生です。

母語の習得過程
英語の学習過程

はじめまして、Success18英語科の田中良平です。池袋と渋谷の校舎を中心に、高校１年生から３年生まで、全学年の最上位クラスを担当しています。今回は、みなさんが中学生から高校生へと成長し、新たな広がりをみせる英語科の学習について、現場のエピソードや指導法の工夫を示しながら説明していきたいと思います。

さて、一般に私たちが母語を習得する過程は、どのようなものでしょうか。

まず気付かされるのは、人間の初期段階の言語運用は、「聞く」ことと、「話す」ことに限られているということ。「読む」ことはおろか、「書く」ことなどはもってのほかで、例えば日本語の書記体系で最も基礎的な部類に入る平仮名の読解と作文ですら、普通は４～５歳ごろになるまで待たねばなりません。ゆるやかに、人間の母語運用力は、「聞く」「話す」「読む」「書く」という序列で形成されていきます。

ところで、この４つの分野のうち、「聞く」ことと「話す」ことには、「読む」ことと「書く」ことに必要な要素が欠けています。それは、「文字」です。

人間の言語発達史の研究成果を紐解けば明らかですが、人類が言語（とおぼしきもの）を使用し始めた時期と、それを文字で表現し始めた時期には、数万年にわたるおそるべき懸隔《けんかく》があります。人間が生まれてしばらくは文字を介在させない言語運用をするというのは、言語発達をめぐる人類史と興味深い並行性を持っています。

ところが、外国語として英語を学ぶ場合、母語運用能力の形成機序とも人類の言語発達史の流れとも異なる序列で学習が進められることは、みなさんもご存知でしょう。「聞く」ことや「話す」ことは後回しにされ、文字を「読む」ことや「書く」ことが最優先にされる教育が行なわれています。私はここで、非母語たる英語の学習に、なぜこのような序列が成立しているのかを、肯定的に受け止めながら考えてみたいと思います。

自然と秩序

ここで思い出してもらいたいのが、先ほど紹介した、人

みんなの数学広場

問題編

答えは次のページ

TEXT BY かずはじめ

数学を子どもたちに、楽しく、わかりやすく、使ってもらえるように日夜研究している。好きな言葉は、"笑う門には福来る"。

初級～上級までの各問題に生徒たちが答えています。
どの生徒が正しい答えを言っているか当ててみよう。
もちろん、当てずっぽうじゃなく、実際に問題を解いてみてね。

上級

$5!=5\times4\times3\times2\times1=120$

$7!=7\times6\times5\times4\times3\times2\times1=5040$

このように$n!$は

$n\times(n-1)\times(n-2)\times\cdots\times3\times2\times1$のことを表します。

$n!$をnの階乗と読みます。

さて、$100!\div3^{\square}$が割り切れるとき

この□にあてはまる最大の整数はいくつでしょうか。

A
100÷3と同じだね。
答え
33
B
100!は100×100と
近似できるから。
答え
3333
C
数えてみました。
答え
48

中級

１Ｌ入りの牛乳パックの空箱の寸法を計ったら
たて７㎝、よこ７㎝、高さ19.4㎝でした。
上の四角すいの部分には牛乳は入っていませんでした。

この牛乳の体積は7×7×19.4＝950.6cm^3
つまり１Ｌ＝1000cm^3になりません。
そんなことってあるのでしょうか?

A

ありえません。
この牛乳は不良品です。

答え
ありえない。

B

たまにあります。
ちょっと損した気分です。

答え
たまにある。

C

あっています。
中身の牛乳は1Lです。

答え
ある。

初級

24÷8=3ですね。
昔は、現在とは式が違いました。
さて、どのように書かれていたのでしょうか。

A

数学の本に書いて
あった。

答え
24D8

B

分数っぽく書くんだよ
ね。

答え
24／8

C

昔もいまも変わらない
って。

答え
24÷8

みんなの数学広場

解答編

上級

正解は → 答え **C**

100!=100×99×98×…3×2×1

このうち素因数3がいくつあるのかを調べるために

3の倍数の数に着目します

すると100! は

3×6×9×12×15×18×21×24×27×…×99×(3の倍数以外の数の積)

3 3 3 3 3 3 3 3 3 … 3	←ア
3 3 3 … 3	←イ
3 … 3	←ウ
?	←エ

ア にある3の個数は　100÷3=33

イ にある3の個数は　2個目の3　つまり9の倍数なので

100÷9=11.…　つまり11個

ウ にある3の個数は　3個目の3　つまり、27の倍数なので

100÷27=3.…　つまり3個

エ にある3の個数は　4個目の3　つまり81の倍数なので

100÷81=1.…　つまり1個

ア～エを合わせて33+11+3+1=48個

よって、最大の整数は48です。

A

もう少し、ちゃんと考えましょう。

B

100!は10000に近似できるどころか
10000をはるかに超えています!

C

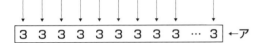

中級

正解は　答え **C**

じつは牛乳が入ると側面が少しふくらんでいるのをご存じですか?
つまり、体積がタテ×ヨコ×高さという単純計算ではいかないのです。

したがって、
牛乳はちゃんと１Ｌ入っています。
空箱を採寸したのですから１Ｌより少ないんですね。

A
TOO BAD
不良品だったら
販売されていませんよ。

B
TOO BAD
たまにあったら
消費者が怒ります!

C
たいへんよくできました
Congraturation

初級

正解は　答え **A**

オランダ人のステヴィンは小数を発明した人でも知られていますが
彼は24÷8を24D8と書いていました。
Dは「divided by」つまり割り算のことです。
ちなみに「÷」はスイスのラーンが1659年著述の
代数の本で比の記号「:」と引き算の「−」とを
合成して「÷」を作ったそうです。

A
たいへんよくできました
Congraturation

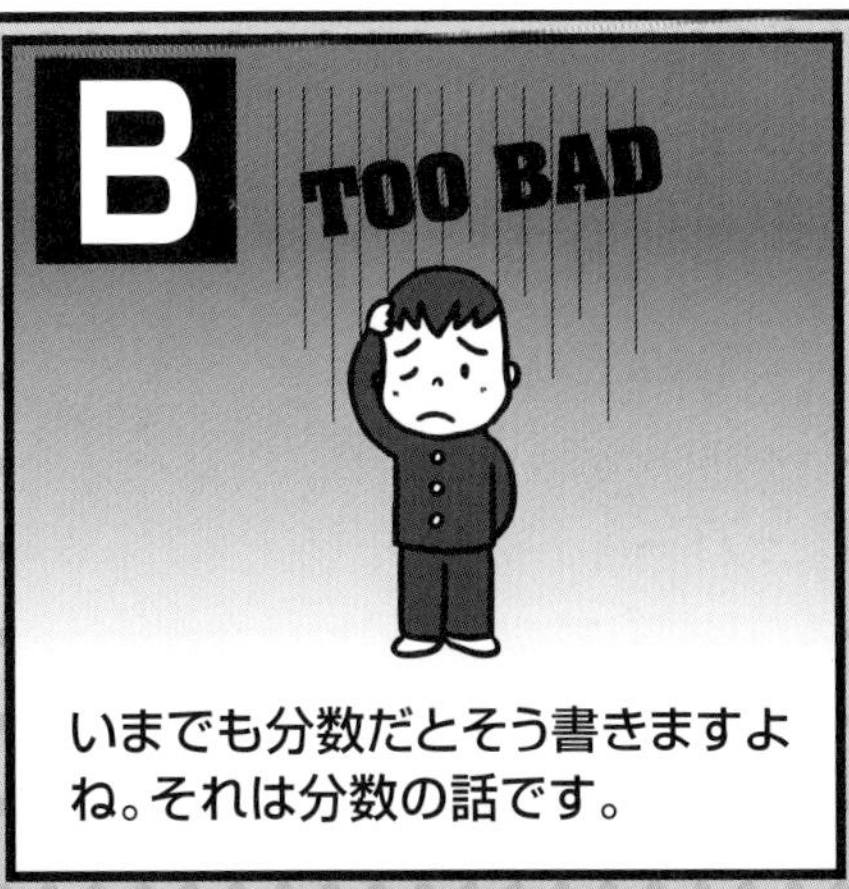
B
TOO BAD
いまでも分数だとそう書きますよね。それは分数の話です。

C
TOO BAD
だから問題文に「いまとは違う」と
書いてあるじゃないですか!

先輩に聞け！

大学ナビゲーター

一橋大学

商学部商学科4年

土谷和広《つちたにかずひろ》さん

マーケティングを学んで ものの売り買いの視点が変わった

夢を持って行動する人を集めたイベントを主催

——なぜ一橋大学の商学部を受験したのですか。

「高校のときに、商社マンが登場する小説を読んで、自分もバリバリ働いてかっこいい大人になりたいと憧れていました。それで、自分でもものを動かしたり売ったりしてビジネスでお金を生み出したいと思うようになりました。そのようなことが学べる分野はなんだろうと考え、商学部のイメージがぴったりだったので受験しました。昔から経営に憧れもあって、会社を作りたいとも思っていました。」

——入学してみてどうでしたか。

「一橋大学は落ちついた人が多いですが、商学部は好奇心旺盛な人たちが集まっています。ビジネスやボランティアなどの活動で、大学の外に出て行こうという人が多くいます。」

——商学部でおもしろい授業はなんですか。

「『消費者行動論』です。人がものを買うときの心理メカニズムを研究する学問で、マーケティングと呼ばれるものです。人が買い物をするときのプロセスを、自分たちの最近の買い物にあてはめて考えてみようという授業でした。自分に落とし込んで考えることがまず楽しいと感じたし、そのプロセスに沿って、自分だったらこうして物が売れるんじゃないか、と考えるのがより楽しかったです。」

——どのようなマーケティングを考えましたか。

「例えばぼくは『しいたけ』について考えました。しいたけはスーパーなどで普通に売っているものですが、贈答用と日常的に食べるものとがあって、じつは贈答用がすごく多いんです。そこで『贈答』をキーワードにして、しいたけを健康食品としてお年寄りのかたに贈ろうというキャンペーンで売り出せば、もっと売れるのではないかと考えました。『しいた

1 中学のときの勉強スタイル

じつは中1のときはすごく成績が悪かったんです。でも勉強自体は嫌いじゃなくて、課題がないことが嫌でした。だから塾に入ってからは目標の成績に達するようひたすら課題をこなしていました。なにか工夫をするというよりも、自習に来るように言われたらきちんと行って、言われたことは人より早く終わらせて、ちゃんと報告していましたね。

2 得意教科

国語と日本史が得意です。

国語に関しては、小さいころから本が好きでよく読んでいました。中学の国語の授業では、出題された問題が簡単でもっと難しいものを解きたいと思ったので、中学3年生で大学受験用の問題集に取り組んでいました。

日本史については、歴史漫画をよく読んでいたことから出来事をただ丸暗記するのではなく、絵としてイメージできていたので得意でした。

3 苦手教科の克服法

数学は苦手だったので、総復習の問題集を3冊使用していつまでに何周しよう、と早い時期からプランを立てて頑張りました。

また、間違えた問題はチェックするようにしていました。そうすることで苦手な部分を自覚できます。チェックした問題はその日のうちや、1週間後に復習して理解するようにしました。復習するようになってからは数学で足を引っ張られることもなくなりました。

4 アルバイトについて

いまはチェーン店の居酒屋でアルバイトをしています。ここでも接客しているときはマーケティングを意識します。お客さんへのメニューの勧め方にしても、どうしたら印象に残せるか、口コミが広がるか、また来たいと思ってもらえるかなど、ちゃんと考えられているというのを実感しています。

け』という、なかなか学問の対象にはしないものをあえて取りあげると新しい1面が見えます。マーケティングは奥が深くて身近なんです。マーケティングを学んでからは日々のものの売り買いを見る目が変わりました。」

——学校の授業以外ではどのような活動をしていますか。

「自分でなにかしたくて、今年の5月から月に5回ほどイベントを主催しています。イベントの内容は、みんなで実際にお金を稼いでビジネスしてみようというワークショップや、大学生や社会人を集めた交流会などです。参加者には学生や社会人、地位なども関係なく、夢があってその目標のために具体的に行動している人を募っています。イベントの軸として大事にしていることは『夢を語る場所を作ろう』ということです。」

——なぜイベントを主催するようになったのですか。

「イベントを始めた理由は、大学での勉強はあくまで勉強だと思っていて、僕はもっと大学の外で活動しようと思ったからです。もともとぼくは人に楽しんでもらったり、わくわくしてもらうことが好きなので、いまできることはなんだろうと考えて、イベントを始めました。この活動は今後も続けていきたいし、僕はイベンターとしてイベントを自分の仕事にしたいという目標も見つけました。」

——最後に受験生の読者にメッセージをお願いします。

「高校時代というのは授業や部活動だけじゃなく、電車通学で行動範囲も広がったり、好きなことが増えたり、いろいろなことができる時間も増えます。自分は高校に入学したらどんなことをやってどのような高校生活を送りたいかを、あらかじめ思い描いておくといいと思います。先輩に話を聞いたり、いつもアンテナを張りいろいろなことに興味を持っておくと、高校で好きなこと・やりたいことが見つかるのではないかと思います。そして大学に入ったときもきっと同じように、自分のやりたいことが見つかるはずです。」

系列の武蔵野大学に薬学・看護・教育学部他、多数内部進学枠あり。

■ 学校説明会 ※予約不要

第４回 11/17（土） 13：30～15：30 コースの説明、国際専攻生徒の発表
第５回 12/ 1（土） 13：30～15：30 入試問題解説

■ 個別相談会 ※要予約

11/24（土）
12/ 8（土）
12/22（土）
各10：00～15：00

■ 2013年度入試要項（概要）

	推薦入試		併願優遇入試		一般入試（一般・第一志望）	
コース	特進コース	進学コース（国際含む）	特進コース	進学コース（国際含む）	特進コース	進学コース（国際含む）
募集人員	15名	40名	10名	30名	5名	10名
入試日	A・B推薦：1/22（火） B推薦　：1/23（水）		2/10（日）			
出願期間	1/18（金）～1/19（土） 9：00～16：00		1/25（金）～2/9（土） 9：00～16：00			

※B推薦につきましては神奈川県を除く隣接県対応とします。

千代田女学園 中学校 高等学校

〒102-0081 東京都千代田区四番町11番地 電話03（3263）6551（代）
●交通<JR>市ヶ谷駅・四ツ谷駅（徒歩7～8分）
<地下鉄>四ッ谷駅・市ヶ谷駅（徒歩7～8分）/半蔵門駅・麹町駅（徒歩5分）

http://www.chiyoda-j.ac.jp/

ミステリーハンターQの
歴男歴女養成講座

ミステリーハンターQ
（略してMQ）

米テキサス州出身。某有名エジプト学者の弟子。1980年代より気鋭の考古学者として注目されつつあるが本名はだれも知らない。日本の歴史について探る画期的な著書『歴史を掘る』の発刊準備を進めている。

山本 勇

中学3年生。幼稚園のころにテレビの大河ドラマを見て、歴史にはまる。将来は大河ドラマに出たいと思っている。あこがれは織田信長。最近のマイブームは仏像鑑賞。好きな芸能人はみうらじゅん。

春日 静

中学1年生。カバンのなかにはつねに、読みかけの歴史小説が入っている根っからの歴女。あこがれは坂本龍馬。特技は年号の暗記のための語呂合わせを作ること。好きな芸能人は福山雅治。

生麦事件

薩摩藩士がイギリス人を殺傷した生麦事件から150年。この事件が後の明治維新にどのような影響を与えたのか確認しよう。

勇 今年は生麦事件が起こってから150年なんだってね。この間、殺されたイギリス人のお姉さんの子孫が横浜に墓参りに来たというニュースが新聞に載っていたよ。

静 生麦事件ってなんだったっけ？

MQ 1862年（文久2年）8月、幕政改革の会議で江戸に来ていた薩摩藩主の父、島津久光が薩摩に帰る途中、いまの神奈川県横浜市鶴見区の生麦で、一行の大名行列を横切ったイギリス人を、薩摩藩士が殺傷した事件のことなんだ。

静 なんで殺傷されたの？

MQ 江戸時代は、大名行列に出会ったら土下座をしなければならなかった。そうしないと無礼討ちといって、切られても文句が言えなかったんだ。

それに攘夷思想といって、外国人に対する敵意もあったからね。

勇 イギリス人はどうして行列を横切ったんだろう？

MQ 彼らは横浜の決められた居留地に住んでいたんだけど、その日は商人のリチャードソンら男性3人と女性1人の4人が馬で遠乗りに出ていたんだ。そこで久光の行列に出会い、横切ったところを、藩士から脇に寄るように言われ、脇道を進んで行くと久光の駕籠が見え、引き返すよう注意された。すると、別の数人の武士が刀を抜いて斬りかかり、リチャードソンは斬られて落馬、とどめを刺されて殺されてしまったんだ。残りの男性2人も斬られてケガをし、女性だけは無事で居留地に逃げ帰って急を知らせた。

静 ずいぶんと乱暴な事件ね。

MQ 英国政府は怒って、幕府と薩摩藩に賠償金の支払いと犯人の処罰を要求、幕府は10万ポンドという大金を支払った。けれど薩摩藩は拒否、このため、翌年6月、英国艦隊が鹿児島湾に侵入して薩摩藩と交渉したんだけど、交渉は決裂してしまった。

勇 それで戦争になったの？

MQ 7月にイギリス艦隊は鹿児島市街を砲撃、薩摩側も応戦してイギリスの旗艦の艦長が戦死して撤退、鹿児島市内も大半が消失するという被害を受けた。

静 薩摩藩も大きな代償を支払ったわけね。

MQ この後、薩摩藩は攘夷が無謀であることを悟り、イギリスと講和して薩英関係は良好になり、戊辰戦争ではイギリスが薩長を中心とする新政府軍を援助することになった。生麦事件は明治維新に大きな影響を与えた事件だったと言えるね。

教えて！マナビー先生

プロフィール

日本の某大学院を卒業後海外で研究者として働いていたが、和食が恋しくなり帰国。しかし科学に関する本を読んでいると食事をすることすら忘れてしまうという、自他ともに認める“科学オタク”。

世界の先端技術

円形農場

広大な土地に効率よく散水している巨大農場

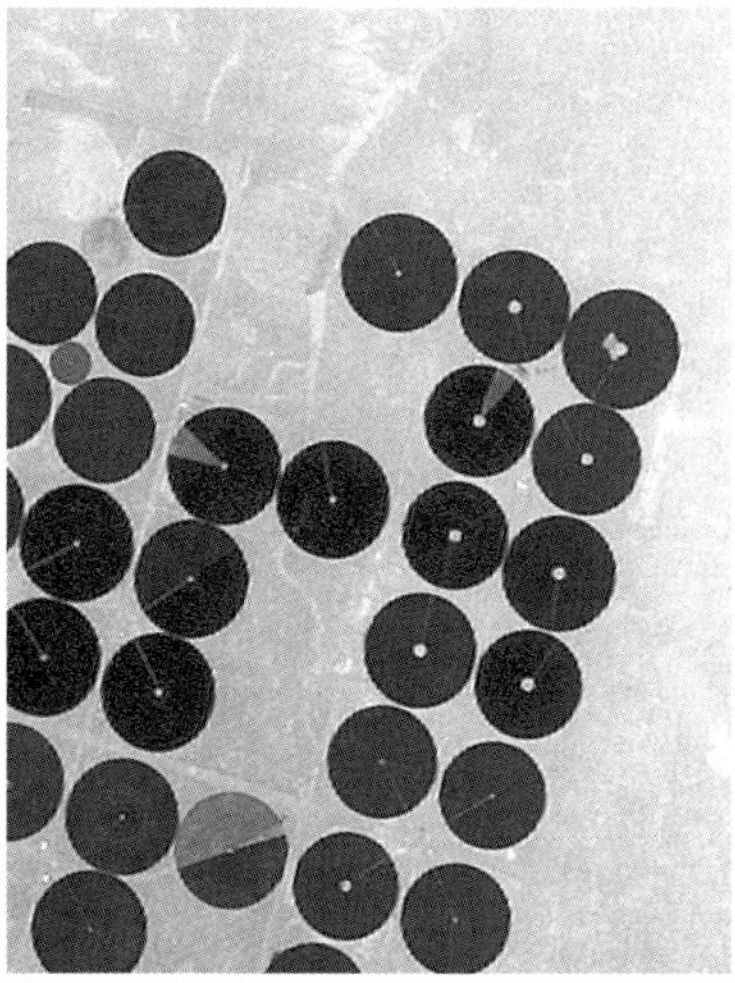

人工衛星からみたアラビア半島、ネフド沙漠北部の円形農場（円形の１つひとつが農場）～写真提供：宇宙航空研究開発機構（JAXA）

日本は比較的雨が多く、作物を作るのに適した環境だ。しかし、世界には砂漠に代表されるように雨の少ない大地が多く存在している。こんな大地でも作物を栽培することができるように考えられたのが、今回紹介する円形農場だ。

降雨量が少ない地域では、自然に頼ることができないので人が作物に水をまいてあげる必要がある。いろいろな方法があるけれど、円形農場は円の中心から伸びたパイプを回転させ、パイプにつけた多数のスプリンクラーで円形の農地に水をまく方法だ。

パイプの長さは半径500mぐらいのものが多い。大きいものでは1kmになるものもある。車輪のついたパイプがモーターによりゆっくりと回りながら水をまいていく。外側の円周付近の移動速度は中央付近と比べて速くなってしまうので、水をまくスプリンクラーノズルの穴の大きさや圧力などを調整してできるだけ均一な散水ができるように工夫している。

アメリカで初めて飛行機からこの農場を見たときは（日本で全く見たことがなかったので）、なにか宇宙人の秘密基地みたいだと思ったのを覚えている。

後日、円形農場というものと知って、アメリカの農業のスケールの大きさと発想の大胆さに驚いた。

いまでは、アラビア半島の砂漠地帯でも、この方法で小麦の栽培が行われるようになり、サウジアラビアなどは輸出も始めているほどだ。

この方式は、効率よく散水できる点に加え、自動化されていて人手がほとんどいらない点もほかの散水法と比べて優れている。反面、もともと雨の少ない大地にどうやって水を持ってくるかというと、深い井戸を掘り、水を汲みあげて使っている。水効率もよく、手間もかからないため、あまりに多くの円形農場ができてしまった。

とくに栽培の盛んな綿花などは大量の水を好む。このため井戸の枯渇が起こっている。また水と一緒に肥料などもまくために、地下水に肥料等が溶け込みやすく、飲料水への汚染も心配されている。

アメリカやアラビア半島上空を旅する機会があったら飛行機から円形農場を探してみてほしい。きっと見つかるはずだ。ぼくが初めて円形農場を見たときの驚きを味わってほしいと思う。きっとびっくりするよ。

過去3年間　主な大学合格者数

	平成24年		平成23年		平成22年	
国公立	東京大(1)	東京工業大(1)	筑波大(1)	横浜国立大(1)	東京大(1)	東京工業大(1)
	筑波大(2)	千葉大(1)	東京学芸大(3)	埼玉大(4)	筑波大(1)	千葉大(3)
	埼玉大(4)	群馬大(2)	茨城大(1)	宇都宮大(1)	埼玉大(1)	宇都宮大(3)
私立	早稲田大(12)	慶應義塾大(2)	早稲田大(2)	慶應義塾大(1)	早稲田大(4)	慶應義塾大(3)
	上智大(2)	東京理科大(12)	上智大(1)	東京理科大(15)	上智大(3)	東京理科大(7)
	学習院大(6)	明治大(13)	国際基督教大(1)	学習院大(5)	学習院大(3)	明治大(13)
	青山学院大(5)	立教大(12)	明治大(7)	青山学院大(2)	青山学院大(1)	立教大(7)
	中央大(11)	法政大(17)	立教大(7)	中央大(6)　法政大(19)	中央大(6)	法政大(9)

学校説明会
0月20日(土)10:00・14:00
1月18日(日)10:00・14:00
1月24日(土)10:00・14:00
1月25日(日)10:00・14:00
2月 1日(土)14:00
2月16日(日)10:00

■昌平プレップテスト ＊要申込
(中3生対象)
11月 3日(土・祝) 8:30〜12:35

■個別相談デー ＊要予約
12月20日(木)14:00〜16:30
12月24日(月・祝) 9:30〜15:30
12月25日(火)14:00〜16:30

国公立大学、難関私立大学をめざす
特別進学コース
新設 特進アスリートクラス
T特選クラス
特選クラス／特進クラス

MARCHから、中堅大学までをめざす
標準進学コース
選抜アスリートクラス
選抜クラス

パワーイングリッシュプロジェクト

全校生徒が
英語に強くなる!
展開中

学習面ではG-MARCH、
スポーツでは全国を目指す。
選抜アスリートクラス

《超一流の指導者続々昌平へ》
■ 藤島 信雄　サッカー元日本代表主将　本校サッカー部チームディレクター
■ 中村 誠　高校ラグビー部監督として全国制覇5回　本校ラグビー部総監督
■ 大森 国男　高校陸上競技部監督として全国制覇12連覇　本校陸上競技部監督

現役合格主義

SHOHEI 昌平高等学校

〒345-0044 埼玉県北葛飾郡杉戸町下野851　TEL.0480-34-3381　FAX.0480-34-9854　http://www.shohei.sugito.saitama.jp
● 東武日光線【杉戸高野台駅】西口より徒歩15分　直通バス5分　● 東武伊勢崎線・JR【久喜駅】東口より自転車15分　直通バス10分、路線バスあり
● 東武伊勢崎線【和戸駅】自転車8分

頭をよくする健康

by FUMIYO
ナースでありママでありいつも元気なFUMIYOがみなさんを元気にします！

今月のテーマ　運動と脳

ハロー！　FUMIYOです。やっと過ごしやすくなってきましたね。この夏、みんなは体調を崩さずに過ごせましたか？　私は…熱中症にかかってしまいました！久々の発熱は、身体にこたえましたね～。症状が回復してから、やっぱり体力をつけなくっちゃ！　と、早朝、近くの公園にウォーキングに行ってみました。すると広場に多くのかたが集まりラジオ体操を行っていたので、参加してきました。久しぶりにラジオ体操をしてみると、頭はスッキリとし、身体のなかから元気が出てきている感じがしました。

私たちが毎日元気に過ごすためには、やっぱり運動は大切です。みんなのなかにも、部活や、体育祭などの準備や練習で、身体をいっぱい動かして疲れているときの方が、テストの成績がよかったという経験をしたことがある人がいるんじゃないかな？

運動は脳によい影響を与えると言われています。

まず、私たちの脳が活動して、しっかり働いてくれるためには、2つ必要なものがあります。1つ目は栄養（エネルギー）、2つ目は酸素です。この2つが十分に満たされると、私たちの頭はフル活動してくれます。

食事をしっかり摂ると、消化管で消化され、身体に必要な栄養素は体内に吸収され、血液を通って脳内に届けることができます。

では酸素を脳に届けるにはどうしたらよいでしょうか？　呼吸ですね。口や鼻から吸い込んだ酸素を肺のなかへ取り込み、血液を通って酸素を脳に届けることができます。大きく深呼吸をして肺の隅々まで空気を取り込むと、いつもより多くの新鮮な酸素を脳に届けることができます。たくさんの酸素を取り込むには、気持ちがよいと感じる運動がとても有効だそうです。

また、医学的には、運動をすることで、脳の記憶をつかさどる海馬という部分に、神経細胞（ニューロン）の回路を作り、成長を促す、脳由来神経栄養因子という物質が増え、記憶や学習効率があがると言われています。

では、脳の記憶や学習効率をあげるためにはどうすればよいのでしょう。

①　起床後、すぐにカーテンを開けて、朝日を浴びましょう。日光を浴びることで交感神経が刺激され、脳の目覚めを促してくれます。

②　起床後、コップ1杯のお水を飲みましょう。お水を飲むことで、消化管を刺激して、身体のなかもしっかり目覚めます。

③　窓を開けたり、屋外に出たりして、外気に触れ、身体が気持ちいいと感じる運動をしましょう。運動によって血行もよくなり、新鮮な空気が体内に入り、酸素を脳に送ることができます。

④　しっかり朝食を摂りましょう。身体のなかもしっかり目覚めているので、消化・吸収もスムーズです。

この①～④をできれば週4日くらい行いましょう。習慣化することで、集中力がアップし、気分が向上するので、勉強することに対して前向きになれます。

だんだんと日が昇る時間も遅くなり、これから朝起きることがつらくなってくる時期になります。朝の少しの時間、勉強の合間に、朝日を浴び、水を飲み、軽い運動を取り入れ、そして朝食をしっかり摂って、脳をフル活動させてあげましょう！

みなさんも、朝の運動のきっかけに、ラジオ体操はいかがですか？

Q1　**人間の大脳の神経細胞（ニューロン）は何個くらいあるでしょうか？**

①1400個　②140億個　③14兆個

正解は②の「140億個」です。

神経細胞は、電気信号を発して情報をやり取りする細胞で、人間の大脳には、約140億個、小脳には、神経細胞が約1000億個あるそうです。縦・横・高さが1㎜の立方体のなかに、約10万個の神経細胞が詰まっているとも言われています。ちなみにチンパンジーの大脳の神経細胞は80億個、ハエの神経細胞は10万個だそうです。

Q2　**身体のなかの酸素の濃度を測ることができる測定器の名前はなんと言うでしょうか？**

①オーツーメーター　②オゾンデンシティー　③パルスオキシメーター

正解は③のパルスオキシメーターです。

測定器を指にはさみ、酸素濃度を%で表します。正常値は96～99%です。95%を下回ってくると、息苦しくなったりと症状が出て、治療が必要になってきます。

Seize the day

自立した個人への道を、一歩ずつ、確実に。

■学校説明会

10月27日(土)　11月24日(土)
11月10日(土)　12月 8日(土)
11月17日(土)　14:00〜15:00

○全体会1時間(予定)、その後に校内見学・個別相談を受付順に行います。

■特待解説会 ＜要予約＞

12月 1日(土)　14:00〜18:00
12月 2日(日)　9:00〜13:00

■個別相談会 ＜要予約＞

11月25日(日)　9:00〜15:00
12月23日(日)　9:00〜15:00

○予約が必要な行事は本校webサイトにてご予約ください。　※学校見学は事前にご相談ください。

桜丘高等学校

〒114-8554 東京都北区滝野川1-51-12　tel：03-3910-6161
http://www.sakuragaoka.ac.jp/
mail：info@sakuragaoka.ac.jp
@sakuragaokajshs
http://www.facebook.com/sakuragaokajshs

・JR京浜東北線・東京メトロ南北線「王子」駅下車徒歩7〜8分　・都営地下鉄三田線「西巣鴨」駅下車徒歩8分　・都電荒川線「滝野川一丁目」駅下車徒歩2分
・「池袋」駅から都バス10分「滝野川二丁目」下車徒歩2分　・北区コミュニティバス「飛鳥山公園」下車徒歩5分

第33回

あれも日本語　これも日本語

「じ」と「ぢ」、「ず」と「づ」

質問です。「地」はなんとルビを振るかな。そう「ち」です。では「地震」はなんとルビを振るかな。ちょっと考えちゃうね。正解は「じしん」。

えっ？　と思った人も多いと思うけど、「地」は「地下」「地価」などは「ち」と読むけど、「地震」「地面」などは「ぢ」ではなくて、「じ」と読むんだ。どうしてかというと、現代かな遣いでは「地」の音読みは漢音《かんおん》が「ち」、呉音《ごおん》が「じ」と決められているからなんだ。「地」には「ぢ」の音がないんだ。

でも、そう決められたのは戦後のこと。戦前は「ぢしん」「ぢめん」とルビを振っていたんだよ。

もう1つ質問、「教室中」はなんとルビを振るかな。正解は「きょうしつじゅう」。でも「中」は「ちゅう」と読むので、「きょうしつぢゅう」としたくなるよね。でもだめなんだ。なぜなんだろう。

じつは現代かな遣いでは、「ぢ」「づ」は原則として使用しないことになっている。ただ、例外として、①同音の連呼によって生じた「ぢ」「づ」②二語の連結によって生じた「ぢ」「づ」は「ぢ」「づ」と書いていいことになっている。

どういうことかというと、①は「ちぢむ」「ちぢこまる」「ちぢれる」などで、「縮」という漢字で表せる言葉だ。「づ」でいうと「つづく」「つづみ」「つづめる」「つづら」「つづり」「つづる」などだ。

②は「はなぢ」「かたづく」など。「はなぢ」は「鼻（はな）」と「血（ち）」の二語が連結して一語になった結果、「ち」が濁ったので「ぢ」としていいということなんだ。「かたづく」も「片（かた）」と「付（つ）く」の連結ということになる。

しかし、「教室中」は「教室」と「中」はくっついてはいるけど、連結して一語になったわけではないとして、「きょうしつじゅう」とルビを振るとされている。ややこしいね。ちなみに「はは」は年をとると「ばば」となるが、「ちち」は年をとっても「ぢぢ」にはなれない。「じじ」になるんだ。

国語学者のなかには、こうした決まりに異論を唱えている人もいるんだ。

「じ」と「ぢ」、「ず」と「づ」の使い分け、覚えておいてね。

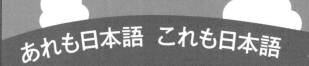

サクニュー!!
ニュースを入手しろ!!

産経新聞
編集委員 大野敏明

今月のキーワード

シリア紛争

検索

2010年から2011年にかけて、中東の国々では「アラブの春」と呼ばれる民主化運動が起きました。

多くのアラブ諸国は長年、独裁体制が続いていましたが、ジャスミン革命と呼ばれるチュニジアの民主化運動の影響もあって、エジプト、リビア、イエメン、モロッコなどでも政権の打倒と民主化要求の運動が高まりをみせ、なかには軍事衝突が起きたり、軍部が仲間割れするなどの内乱に近い騒乱が起きました。その結果、チュニジア、エジプト、リビア、イエメンでは体制が打倒されました。

こうした動きに連動する形で、シリアでも2011年1月から民主化運動が展開されるようになりました。

シリアは1970年の革命によって、ハーフィズ・アサド大統領による独裁体制が維持されてきましたが、同大統領が2000年に死去すると、次男のバッシャール・アサド氏が大統領になり、権力を世襲、体制の強化をはかりました。

当初の民主化運動は、大統領の公選や議会の複数政党の参加などを要求していましたが、政府軍が武力で鎮圧を行い多数の死者が出たことから、各地に反政府デモが拡大し、軍の一部が反政府勢力に同調したこともあって、事実上の内戦状態に突入しました。

この間、国連安全保障理事会はシリア政府に対する制裁の実施を提案しました。

しかし、シリアに武器を輸出してきたロシアと中国が反対したために実行されず、今年に入って、国連停戦監視団が首都ダマスカスなどに駐留、双方の武力対立の緩和に努めました。

しかし、内戦状態は深刻化し、とくに政府軍が一般住民を大量に虐殺するなどの事件が相次ぎ、停戦監視団にも危険が及んだことから、監視団は8月末に撤退しました。

8月20日には日本人ジャーナリスト、山本美香さんが、政府軍兵士とみられる一団に射殺されるという事件も起きました。

アサド政権軍と反アサド派の激戦が続くシリア北部アレッポ=8月31日、AFPテレビの映像より
クレジット: AFP=時事　撮影日:2012-09-01

国連によると、シリア紛争によるこれまでの死者の数は少なくとも2万3000人にのぼっているといいます。

国際社会はこうした事態を招いたアサド政権を非難していますが、ロシアと中国の拒否権によって有効な対策をなにも打ち出せないままです。

アサド一家は国内少数のイスラム教アラウィー派で、国民の75%はイスラム教スンニ派ということもあって、内戦は宗派対立の要因も含んで、複雑かつ長期化しています。

『若い読者のための世界史
原始から現代まで（上・下）』

著／E・H・ゴンブリッチ
訳／中山 典夫
刊行／中公文庫
価格／762円＋税(上)、667円＋税(下)

『若い読者のための世界史―原始から現代まで―』

これからの人生を豊かにするために大きな流れのなかで世界史に触れよう

今回の特集「効果的に憶えるための9つのアドバイス」（P10～）でも触れているけれど、物事を憶えるためには、ただ文字を読んだりしていくよりも、その物事に対してより興味を持ったり、なにかと結びつけたりした方が憶えやすいんだ。

歴史も同じだね。社会の教科書に出てくるいろいろな出来事、人の名前なども、なんとなく憶えていくよりも、それぞれの出来事の結びつきや、だれがどんなことをして、その結果どうなったか、ということを含めて憶える方が効果的だ。

今回紹介する「若い読者のための世界史」は、ヨーロッパ圏を中心に、人類の登場から第1次世界大戦の終わりまでが、1つの流れのなかで語られていく。それも、難しい専門用語はほとんどなく、著者が読者に向かって語りかけるように、簡単な言葉が使われている。

なぜ第1次世界大戦までなのかというと、じつはこの本は1935年に書かれたものなんだ。だから、巻末には執筆から50年後の著者が書く「あとがき」があり、そこではその後の世界のことについても述べられている。

70年以上も前に書かれた本が、日本語に訳され、さらに今年に入ってから文庫本として新たに出版されているなんて、すごいよね。

「昔、むかし」から始まり、どうやってネアンデルタール人が発見されたのか、ギリシャ人は、ローマ人は、その他の、いま知られているさまざまな民族はどこからやってきたのか、ゲルマン民族の大移動、十字軍、ローマ帝国の滅亡、ナポレオン、そして第1次世界大戦…。

多くの歴史的な事実の、教科書には書かれていない始まりや興味深い側面をみんなは知ることができるだろう。

高校受験のために歴史を憶えることも、もちろん大事だ。でもそれだけではなくて、みんなが大人になるうえで、教養・知識としてしっかりと身につけていくことも、とても大切だよね。この本は、その両方の助けになってくれる1冊だ。

60
國學院

熱中！ 青春！ 文化系部活動

書道ガールズ!! わたしたちの甲子園

2010年/日本/ワーナー・ブラザーズ/監督:猪股隆一/

「書道ガールズ!! わたしたちの甲子園」 DVD＆Blu-ray発売中、DVD5,040円（税込） Blu-ray 6,090円（税込）
発売元:バップ

20kgの筆で書かれる書とは？

製紙会社の煙突が立ち並ぶ紙の町、愛媛県四国中央市での実話が映画化されました。活気を失いつつある町のために、四国中央高校書道部の生徒たちが音楽に乗せて書を書く「書道パフォーマンス甲子園」なるものを企てます。最初はバラバラだった部員たちや、周囲を取り巻く人々の心が変化し、大会に向かって1つになっていく様子が力強く描かれています。

書道部にもかかわらず、部員たちが臨時顧問に課せられたのは、ランニング・腕立て・腹筋という運動部顔負けの激しいトレーニングの日々。それもそのはず、なんと重さ20kgもあるという大きな筆を振りまわし、巨大な半紙に書を書いていくのですから…。

そこに書かれたのは、「再生」という文字。エネルギッシュで躍動感があり、心の底から力が沸きあがってくるような書の力強さに胸が熱くなることでしょう。さまざまな紆余曲折を経て、書道ガールズは書道パフォーマンス甲子園に挑みます。意思の強そうな瞳が印象的な主人公の早川里子役を成海璃子が熱演しています。

ロボコン

2003年/日本/東宝/監督:古厩智之

「ロボコン」DVD発売中、3,990円(税込)
発売元:小学館 販売元:東宝

ロボットコンテストにかける青春！

ひょんなことから入部する羽目になった部活動。最初は嫌々やっていたのに、次第に仲間とのきずなを深め、活動そのものに夢中になっていくー。そんな部活動モノの王道ストーリーを描いているのが、この作品「ロボコン」です。

先生から居残り講義の代わりに、第2ロボット部に入部するという交換条件を突き付けられた葉沢里美（＝長澤まさみ）は、仕方なしに第2ロボット部に入部することに…。コミュニケーション下手の設計担当（＝小栗旬）、弱気な作戦担当（＝伊藤敦史）、破天荒の技術担当（＝塚本高史）とともに、ロボットコンテスト、いわゆるロボコン大会をめざすことになりました。

不器用な個々ゆえに、最初はなにをするにもまとまりなし。当然、チームワークとは無縁の部員たちでしたが、旅館での夏合宿、ロボット製作などを経て、気持ちに少しずつ変化が表われます。目標に向かって一生懸命になる若者の姿は本当に素敵。鼻もちならないエリート集団の第1ロボット部が、最後はやっぱりいいヤツなのもうれしいばかりです。

行け！男子高校演劇部

2011年/日本/ショウゲート/監督:英勉

「行け！ 男子高校演劇部」DVD発売中、3,990円(税込)
発売元:ポニーキャニオン

男子ばかりの演劇部!?

ある意味、入部の動機などはなんでもいいのです。もちろん、好きで入るもよし、女の子にモテたいから入るもよし。大切なのは、仲間と楽しむこと、一生懸命になること、夢中になること。そんな高校部活動のすばらしさを、おもしろおかしく伝えてくれるのが、この1作です。

野球部、サッカー部、軽音部etc。女の子にモテそうな部活動を探していたところ、目に留まった演劇部の公演、「ロミオとジュリエット」。ジュリエット役にひと目ぼれしてしまった小笠原（＝中村蒼）は、すぐに入部届けを提出するのですが、ジュリエット役はじつは男の子。しかし、入部してしまったからには、あとには引けません。変わり者の顧問、すっとぼけた仲間とともに、ハチャメチャな演劇部が始まります。

目標は3週間後に迫る演劇大会。その名目に男子高校生たちが選んだのは、O・ヘンリーの「最後の一葉」というシリアスな作品でした。演技とは無縁の彼らは、この作品を驚きの演出で挑みます。さて、その手法とは？ 根性あり、ユーモアあり。爽やかで痛快な青春映画です。

Question

過去問を使っての復習で効果的な勉強方法は？

中3の入試直前期では志望校の過去問をやるのが効果的だと教わりました。過去問はやりっぱなしではなく復習が大切だそうですが、具体的にどう復習するのですか。

（武蔵野市・中3・K.T）

Answer

オリジナルの復習ノートで短時間で効果的な勉強を

それぞれの志望校の出題傾向や設問の形式などを知り、自分の弱点を把握するためにも、志望校の過去問を解いてみることは大きな意味があります。

もちろん、まったく同じ問題が出題されるわけではないのですが、出題者の意図やどのような内容を問うのかという部分で過去の出題例は参考になります。また、出題ジャンルにそれぞれ特徴があることも自然にわかってきます。

入試を間近に控えて、時間がなくなってくると、短時間で効果的な復習を心がけたいものです。

具体的には、各科目ごと誤った部分をまとめたノートを作ることをお勧めしたいと思います。英語だったら、単語や熟語で知らなかったものを書き出し、ときどきノートを見ることで自分だけのオリジナルの単語・熟語集ともなります。数学ならノートを見開きに使い、左ページに問題を、右ページに解法を書いていけば、誤った問題をまとめた自作問題集になります。

他の科目についても、用語や重要事項などをメモするなど、工夫して過去問の復習を進めてください。

コツは短時間で済ませることと、なるべく単純な形式にすることです。そして、作ったノートを見直すことが大切です。

受験情報

monthly topics 1

千葉公立

2013年度入試の詳細をHPに掲載

千葉県教育委員会は9月初旬、2013年度千葉県公立高校入学者選抜実施要項についての情報をまとめ、HPに掲載した。志願理由書や中学校が作成する調査書の様式などが掲載されているので、一度目を通しておきたい。

「千葉県教育委員会」で検索し、目次で「平成25年度千葉県公立高等学校入学者選抜実施要項について」をクリック。

monthly topics 2

東京都立

推薦入試の各校選抜方法が確定

東京都教育委員会は、2013年度の都立高各校の推薦入試における選抜方法を定め9月13日に公表した。

（1）総合成績に占める調査書点の割合の上限を50%とする…すべての都立高校で50%以内に設定。うち、50%未満に設定している学校は25校。

（2）小論文または作文、実技検査、その他、学校が設定する検査のなかからいずれか1つ以上をすべての学校で実施する…小論文実施校32校（普通科29校、専門学科3校）、作文実施校126校（普通科89校、専門学科28校、総合学科9校）、実技検査実施校24校（普通科5校、専門学科18校、総合学科1校）。

（3）面接に加え集団討論を原則すべての学校で実施する。

（4）推薦入試対象人員枠の上限を普通科は20%、専門学科は30%（商業に関する学科は20%）、新しいタイプの高校は30%とする…推薦枠の割合を上限より小さく設定している学校→7校。

Column 73

15歳の考現学

保護者の質問に端を発した「入試の問題点」を考えてみていま再び「留学」の勧め

森上《もりがみ》 展安《のぶやす》

森上教育研究所所長。1953年、岡山県生まれ。
早稲田大学卒業。進学塾経営などを経て、1987年に「森上教育研究所」を設立。
「受験」をキーワードに幅広く教育問題をあつかう。近著に『教育時論』（英潮社）や『入りやすくてお得な学校』『中学受験図鑑』（ともにダイヤモンド社）などがある。

入試の実情を見ると絶対評価の限界が見える

先日、「茨城から神奈川に引っ越すのだが公立高受験の際の内申基準をどう評価されるのか聞きたい」というご相談がありました。

この方が神奈川県の担当者に問い合わせると、茨城での内申評価がそのまま神奈川県にも当てはまる、というニュアンスのご返事で、一方、私どもで質問すると直接に受験する予定の県立高校と現在通学中の公立中学校とで話し合ってみてほしい、そのうえでないとなんとも言えない、とのことでした。これはどういうことかというと、もし内申評価がそのまま適合しにくいと考えられた場合、定員の10％枠に該当しその枠内での合否になる、という選抜規則になっているのです。

定員が9割のなかで合否が決まるのと1割のなかで決まるのとではかなり合格率が違ってくることでしょう。例えば、帰国子女入試という別枠を設けている場合、別の定員があってそのなかで合否が決まることがあります。それは、むしろ特殊なケースなので帰国子女を保護している、と考えてよいでしょう。

しかし、他県からの流入で、しかもいわゆる東京圏の場合、内申評価の環境事情が異なる、という判断は正当といえるのでしょうか。

東京圏と書きましたが、それが群馬・茨城の郡部となれば、確かに環境・事情は異なるのかもしれませんが、いわゆる東京圏の都市近郊ベッドタウンという住所地同士で1割の帰国子女枠のように考えられるとはさすがに思えませんね。

恐らく神奈川県のお役人が用心深い回答をしたのでしょうが、こうした裁量の余地が多い基準は本当は基準・規則とは呼べないですね。

いつものことですが、これは内申の評価が実際は未だに相対評価であり、教員の個々の判断で行われる量的な評価になっているからです。

本来なら、絶対評価で質を計るものでなくてはならない内申評価がそうなっていないことが、こうしたケースバイケースのルール適用を生んでいるのだ、と申しあげてよいと思います。

英語に限れば使える評価が資格として存在する

これは英語で考えるとよくわかると思います。例えば英検準1級とか、2級とかの資格をとれば、ほぼ日本中の学校で英語の実力がどの程度かわかるので、資格として流通評価されています。しかし、公立中学の評価で英語が3・0とか4・0とかいっても、例えば大手の学力模試でつく英語の偏差値は、それこそテンでバラバラでしょう。

それでも大体はある一定の範囲には収まるはずです。それもそのはずで、いずれも相対評価（つまり全体の上位何％にいるか、という量的評価）だからです。

では、評定で英語の4技能（読む、聞く、書く、話す）の実力がほぼ推定できるか、といえば実際のところできない、と考えられます。A中学で4という子がB中学では3になることは日常茶飯事です。つまり絶対評価の基準が学校間で統一できていないうえ、高校入試のためには、実際は相対評価で評定が行われる実情があるからです。

つまり評定で質が示されるわけではないので、入試の公平性からみて、相対評価としてまずまず大きな違いがないか。例えばA県で偏差値65だが、B県に行けば70かもしれない。A県の55がB県で60というように5ポイントスライドすればほぼ当てはまるという状況なら類推できます。

これと同じようなことが評定でも言いうるのか、どうか。――率直に言って同じ相対評価でも偏差値のように点数を統計処理して算出するだけでなく、さまざまな要素が入っている評定で、どれも同列に扱うのは土台無理だと思います。

入試は1人ひとりをみているようで、じつは定員枠に達するのはどのあたりか、という定量的なものですから、相対評価こそ利便性が高い処理です。こういう現実の要請に対して数理処理をやっているということにほかならないのですね。

こうしたことは評価でもなんでもないので、できれば英語だけでも英検なりTOEICなり、GTECH（Global Test English Communication。前述した4技能の総合的なコミュニケーション能力を測るオンラインテスト）なりの絶対評価で、この基準以上はOK、とすべきだと思います。そうでなければそもそも語学として時間を割く理由もないでしょう。

語学習得だけではない「留学の勧め」

母国語でない異文化の言語を習得するには、異文化の理解が欠かせません。というとなんだか難しくなりがちですが、結局、そのことによってわが身、わが国の文化を省みることができて、物事がよりよく見えるようになる、あるいは、より相手のことも理解できるようになる。それも日本の日常のなかでやるより、やはり海外なり現地で接することがより実りの多いのも事実です。

じつは留学を高校生で体験することは、今後多くの学校で試みられるようになります。

入試ではせいぜいヒアリングとペーパーですが、入ってからこうした留学体制のある学校に進学することで「次」の展望が開けてきます。

ここのところ、早慶に合格しながら1年足らずでアメリカなどの大学に進学するケースが少なからず起こっています。これらは、ほぼ高校時代になんらかの留学体験を持ち、チャンスがあれば海外大学にチャレンジしたいと考えた人です。

もちろん、費用の問題があるので、なるべく交換留学を利用して留学を実現したいところです。そうはいっても1人でそれをやるにはかなりのエネルギーがいります。だからこそ、学校にそういう制度があって、同じ志のグループがいるところを選択すべきでしょう。

とくに意を用いたいのは男子の生徒です。女子は語学が得意だということもあり異文化に親しむのも得意な人が多い。また、外国人相手にちょっとした楽器の演奏などもしてコミュニケーションのきっかけをつかむツールも持ち合わせている。

一方、男子はそこへ行くとかなり消極的で、家庭でバックアップしなければなりません。バックアップといっても留学を勧めれば済むというわけではなく、具体的に行きたくなるような働きかけも必要です。

学校で留学生を選抜する仕組みを持つところがあります。先日、学習院高等科の話を聞いたところ、やはりそこで選抜されるような生徒は、トータルバランスに優れた人物ということでした。

確かにそうしたことは言えると思いますが、一方でそうでもない生徒こそ留学し、外国の生徒のなかで生活を送ることで、バランスよく成長できるということもあるでしょう。

入試の先にある高校生活と、その先にあるグローバルな世界を展望して受験校を選択してほしい。受け身の入試ではなく、人生を切り開く入試に挑んでほしいと思います。

私立★INSIDE

首都圏私立高校の「入試相談」とは？

東京、神奈川の私立高校の「推薦入試」や千葉の「前期選抜」、埼玉の私立高校入試について、事前に合格できるかどうかを私立高校側と相談する制度が12月に行われる「入試相談」です。今回はその「入試相談」について知識を深めましょう。

12月に中学校の先生と私立高校が合格可能性を相談

東京と神奈川の私立高校の入試には、「推薦入試」と「一般入試」があります。千葉の推薦入試は「前期選抜」で行っている学校がほとんどです。埼玉では前期・後期の区別がなくなり、「単願（第1志望）入試」と「併願入試（公私立併願可能）」に分けられ学力検査も行われます。

「推薦入試」には、「その学校しか受けません。受かったらその学校に行きます」と約束する「単願（専願）推薦」と、「公立高校に受かったらその公立に行きますが、公立不合格の場合はこの学校に必ず入学します」と約束する「併願推薦」があります。東京、神奈川、千葉では私立高校との併願を原則認めていませんが、埼玉の併願入試では、私立高校との併願も認められています。

私立高校の「推薦入試」は、公立高校の入試よりも前に行われます。

私立高校の推薦入試に出願するためには、各校によって示されている「推薦基準」を満たしていなければなりません。「推薦基準」は、「5教科で合わせて○点以上」など、内申点で規定している学校がほとんどです。その内申点とは、中学3年生の2学期の成績がポイントです。

それらのことをふまえて、中学校の先生が私立高校に出かけて、1人ひとりの生徒の（推薦入試での）合格可能性を相談します。これが「入試相談」と呼ばれるものです。後述しますが、埼玉県では「個別相談」と言い、別の方法がとられています。

入試相談は、公に定められた制度ではありませんが、東京、神奈川、千葉のほとんどの私立高校で行われています。

12月中旬から下旬に、首都圏では東京、神奈川、千葉の中学校の先生が、各都県の私立高校を受験する生徒の成績表を持って各私立高校に出向き、1人ひとりの合格の可能性を、まさに「相談」するのです。

そこで、「この生徒は大丈夫」とか、「一般入試の方で頑張ってもらった方がいい」などの答えをもらってくるのです。ここで「出願していいですよ」と言われれば、合格可能性はかなり高いというわけです。

さて、9月末の中間試験が終わると、各中学校で個人面談が始まります。この個人面談が、志望校・受験校決定のスタートです。個人面談では、まず、「公立志望なのか、私立志望なのか」をはっきりと先生に伝え、3校ぐらいの志望校をあげておきましょう。とくに「自分が行きたい学校」は、明確に伝えてください。

11月の期末試験（中学3年生）が終わると、中学校側では3年時の内申がほぼ決まりますので、先生、保護者、受験生本人による「三者面談」が行われます。この三者面談で、受験校の最終確認が行われ、12月の半ば、中学校の先生が、志望する各高校に出向いて、「入試相談」が行われるわけです。

埼玉では私立高校側と受験生本人・保護者が相談

埼玉県の私立高校では、2010年度から入試の開始日（1月22日）だけを設定し、前期・後期の区分が廃止されました。

ただ、私立高校の大多数は、他都県の「推薦入試」にあたる、「併願入試」を1月22日から25日ごろ実施、この枠が募集のほとんどになる状況は変わっていません。私立高校側にとって、1月の併願入試で多くの生徒が確保できる、という点が重要で、併願入試を行っていない学校はわずかです。

1月実施の併願入試は、他校（公立、私立とも）と併願することが可能で、入試前、私立高校各校で行われる「個別相談」で、その合否の見通しを、私立高校側から伝えてくれます。これは公立を第1志望とする受験生などにとって、押さえの私立高校が決まっている、という安心感を得ることができる入試制度です。

この「個別相談」が、他都県の推薦入試のための「入試相談」にあたるものなのですが、埼玉では中学校の先生ではなくて、受験生本人と保護者が私立高校に出かけて相談するのです。

個別相談では、併願入試、単願入試の合否の見通しなどを高校側と受験生、保護者が話し合います。併願、単願入試を受けるときは、個別相談に必ず出席していなければなりません。

埼玉の私立高校で1月併願入試実施校は、10月から12月下旬ごろまで、個別相談会を複数回行います。出席には予約が必要かどうかなどを確認しておきましょう。

合否にかかわる場であるため、受験生だけでなく保護者もいっしょに行った方が確実です。保護者のみで出席してもかまいません。

個別相談には、本人の成績がわかる資料として、模擬試験の結果や内申点（通知表のコピー）を持っていきます。絶対評価の内申点よりも、模擬試験の結果（偏差値）の方を重視する私立高校が多くなっています。英検など資格の証明書や、部活動の実績を示す賞状なども持っていきましょう。生徒会役員、部活動の部長、中学校の皆勤といったことも加点の対象となりえます。

これらの資料を見た私立高校側は、過去の合格者データなどと照らし合わせ、併願入試、単願入試の合格の可能性などを教えてくれます。最近は合否の見通しがかなり正確になっており、合格の確約に近い高校も増えています。

公立★CLOSE UP

埼玉、千葉、神奈川の「難関国公立大合格力」

安田教育研究所　副代表　平松 享

今春、埼玉、千葉、神奈川３県の公立高校から、東大、京大、一橋大、東工大、国公立大学医学部など「難関大学」と呼ばれる国公立大学に合格した者の人数は、５年前の2007年と比べて、大幅に増えました。どの高校が、どんな大学への合格者を増やしたのか。詳しく調べ、表にまとめました。（資料提供㈱大学通信）

増えている国公立大学医学部合格者数

表1を見てください。この表は、埼玉、千葉、神奈川3県の公立高校から、全国にある国公立大学医学部医学科（自治医科大、防衛医科大を含む）に合格した生徒の数を、5年前の2007年と今春とで比べたものです（現浪計）。

国公立大学医学部医学科への合格者数は、5年前の2007年は、3県の公立全校をまとめても、合計で86人しかいませんでした。

表1　（人）

国公立大医学部	合格者数			増加数	増加率
	2007 年		2012 年		
埼玉	23	⇒	55	32	139% 増
千葉	44	⇒	54	10	23% 増
神奈川	19	⇒	45	26	137% 増
合計	86	⇒	154	68	79% 増

ところが今年は、2007年より68人も多い154人が合格しています。3県の公立高校からの合格者数は、5年前の約1・8倍に増えました。このうち、埼玉は23人から55人へ、神奈川は19人から45人へ、どちらも、5年前の約2・4倍に急増しています。

表2―1〜3では、国公立大学医学部医学科に、今年合格した生徒のいる高校を、各県別に、今春の合格者の多い順に並べてみました。あわせて5年前の合格者数も示しました。

埼玉県では、**県立浦和**が5年前より10人も多い21人の合格者を出しています。**県立川越**、**大宮**の2校でも、5年前より7人増やしています。

このほか、2007年には合格者のいなかった**川越女子**、**熊谷女子**、**不動岡**の3校でも、合格者を出しています。埼玉県の高校から合格者の多かった大学は、山梨大…7人、山形大…6人、秋田大…5人、群馬大…4人、弘前大…4人などとなっています。

千葉県では、**県立千葉**が5年前より3人増やして19人に、**県立船橋**が5人増やして8人に。ほかに、合格者のいなかった**安房**、**市立銚子**、**船橋東**、**松戸国際**が各1名合格しています。千葉県の高校から合格者の多い大学は、防衛医科大…8人、千葉大…7人、筑波大…4人、金沢大…4人などとなっています。

神奈川県では、**湘南**が9人に、**横浜翠嵐**が8人に伸ばしています。と

表 2-1　（人）

医学部×千葉	合格者数			増減
	2007 年		2012 年	
千葉（県立）	16	⇒	19	3
船橋（県立）	3	⇒	8	5
東葛飾	5	⇒	7	2
千葉東	4	⇒	6	2
佐倉	1	⇒	3	2
長生	4	⇒	3	−1
安房	0	⇒	2	2
佐原	2	⇒	2	0
匝瑳	3	⇒	1	−2
銚子（市立）	0	⇒	1	1
船橋東	0	⇒	1	1
松戸国際	0	⇒	1	1

表 2-2　（人）

医学部×埼玉	合格者数			増減
	2007 年		2012 年	
浦和（県立）	11	⇒	21	10
川越（県立）	2	⇒	9	7
大宮	1	⇒	8	7
浦和第一女子	2	⇒	5	3
川越女子	0	⇒	4	4
熊谷	1	⇒	3	2
熊谷女子	0	⇒	2	2
春日部	5	⇒	1	−4
越谷北	1	⇒	1	0
不動岡	0	⇒	1	1

表 2-3　（人）

医学部×神奈川	合格者数			増減
	2007 年		2012 年	
湘南	4	⇒	9	5
横浜翠嵐	0	⇒	8	8
柏陽	3	⇒	6	3
厚木	0	⇒	3	3
小田原	2	⇒	3	1
光陵	0	⇒	3	3
川和	2	⇒	2	0
多摩	0	⇒	2	2
南	0	⇒	2	2
横浜ＳＦ	0	⇒	2	2
神奈川総合	0	⇒	1	1
希望ケ丘	0	⇒	1	1
平塚江南	1	⇒	1	0
百合丘	0	⇒	1	1
横浜緑ケ丘	1	⇒	1	0

くに**横浜翠嵐**は5年前の0人から一挙に8人も増やしています。同じように神奈川県には、5年間、国公立大学医学部の合格者がいなかった高校で、今春合格者を出した学校が、**厚木**、**光陵**など9校もあります。このなかには、**横浜サイエンスフロンティア**（表では横浜ＳＦと表記しました）など、新規に開校した学校が多く含まれています。

神奈川県の高校から合格者の多い大学は、横浜市立大…10人、防衛医科大…7人、浜松医科大…2人、福島県立医科大…2人などでした。

3県の公立高校の、医学部合格者数の伸びの様子は、ＴＯＰを高めつつ、裾野を広げるという、似通った傾向を示しているように見えます。

埼玉の公立高→東大 約1・6倍に

表3では、東大の合格者数を、**表4**では、東大、京大、東工大、一橋大（ＴＯＰ4）と、国公立大学医学部医学科の合格者数の合計の伸びを調べました。どちらも合格者数は増えていますが、医学部ほどの伸びは見られません。これは、都立でも、また首都圏の私立でも見られるようになったことですが、東大に合格できる学力を持った生徒が、地方の国公立大学の医学部を受験するケースが増えているためと思われます。

表3　（人）

東京大学	合格者数			増加数	増加率
	2007 年		2012 年		
埼玉	49	⇒	78	29	59% 増
千葉	38	⇒	43	5	13% 増
神奈川	46	⇒	49	3	7% 増
合計	133	⇒	170	37	28% 増

経済や雇用の状況が、受験生の進路選択に影響を与えているのでしょう。

表5−1～3では、東大、京大、東工大、一橋大（ＴＯＰ4）の合格者数（現

浪計）の合計を、今春の合格者の多い高校の順に並べました。さらに、現役合格者だけの数と、４大学計と東大については、５年前（２００７年）の合格者数も示しました。

４大学計の上位には、医学部のときと同じ伝統校が並んでいます。伸びはどうでしょうか、「２００７年比」の列を見てください。

埼玉県では、**大宮**が２００７年より21人増と、目覚ましい伸びを示しています。現役の伸びが19人という数字にも驚きます。**大宮**は医学部では、１人→８人と７人増でした。

逆に、医学部で11人→21人の10人増の**県立浦和**や、２人→９人の７人増だった**県立川越**は、ＴＯＰ４では、伸びが見られませんでした。

千葉県では、**県立千葉**が16名増と大きく伸ばしました。

しかし、医学部の伸びは、３人と小幅にとどまっています。

逆に、**東葛飾**は14名減と、３県で最も大きく減らしました。

神奈川県では、医学部の伸びも大きかった**横浜翠嵐**が、ＴＯＰ４でも22人増と、３県で最も大きく伸ばしています。そのうち現役が29人増という数字も立派です。ほかに、**湘南**が12人増やしました。

ＴＯＰ４に10人以上合格者を出した学校を、現役合格率（合格者に占める現役の割合）とともにあげてみましょう。

埼玉県…**県立浦和**72人（うち現役28人）現役合格率39％、**大宮**36人（同29人）同81％、**県立川越**19人（同10人）同53％。

千葉県…**県立千葉**65名（同34人）52％、**県立船橋**24人（同13人）同54％、**東葛飾**12人（同８人）同67％。

神奈川県…**湘南**46人（同30人）同65％、**横浜翠嵐**37人（同29人）同78％、**柏陽**16人（同12人）同75％、**厚木**10人（同７人）同70％。

各県の上位には、歴史のある伝統校が並び、公立復活の兆しも見えるようですが、現役での合格は、より上位の大学を受験する生徒の多い学校ほど、現役合格率が低くなるようです。

表 4 （人）

TOP4+ 医学部	合格者数			増加数	増加率
	2007 年		2012 年		
埼玉	183	⇒	224	41	22% 増
千葉	146	⇒	184	38	26% 増
神奈川	198	⇒	224	26	13% 増
合計	527	⇒	632	105	20% 増

表 5-1 （人）

埼玉× TOP4	東京大				一橋大		東工大		京都大		4 大学計			
高校	現浪計	7年比	現役	7年比	現浪計	現役	現浪計	現役	現浪計	現役	現浪計	7年比	現役	7年比
浦和（県立）	40	7	14	−2	14	5	11	7	7	2	72	−9	28	−10
大宮	17	10	12	8	7	7	9	8	3	2	36	21	29	19
川越	5	2	2	1	1	1	12	7	1	0	19	−4	10	−1
春日部	3	1	2	1	4	2	1	0	1	0	9	−2	4	−4
浦和第一女子	6	4	2	0	2	1					8	−5	3	−7
越谷北	1	1	0	0			6	4			7	5	4	2
川越女子	3	1	3	1	1	1	1	1	1	1	6	3	6	3
熊谷	1	1	0	0			2	1	1	0	4	−2	1	−2
所沢					1	0	1	1			2	2	1	1
熊谷女子	2	2	0	0							2	2	0	0
不動岡							1	0			1	0	0	0
所沢北							1	1			1	−1	1	−1
浦和（市立）					1	1					1	1	1	1
蕨							1	1			1	1	1	1

表 5-2

（人）

千葉× TOP4	東京大				一橋大		東工大		京都大		4 大学計			
高校	現浪計	7年比	現役	7年比	現浪計	現役	現浪計	現役	現浪計	現役	現浪計	7年比	現役	7年比
千葉（県立）	31	11	16	6	5	3	20	11	9	4	65	16	34	11
船橋（県立）	4	0	3	2	13	8	4	1	3	1	24	5	13	6
東葛飾	1	−8	1	−3	3	1	4	4	4	2	12	−14	8	−7
千葉東	1	1	0	0			4	2	4	1	9	6	3	1
長生	2	0	2	1			2	2			4	0	4	2
佐倉	2	0	0	−1			1	1			3	−1	1	−1
佐原	2	2	2	2							2	−1	2	−1
匝瑳									2	0	2	−1	0	−3
千葉（市立）					1	0	1	0			2	1	0	−1
薬園台							1	1	1	1	2	1	2	2
柏（市立）							1	1			1	1	1	1
木更津									1	1	1	0	1	1
銚子（市立）							1	1			1	1	1	1
成東									1	1	1	0	1	0
幕張総合					1	0					1	1	0	0

表 5-3

（人）

神奈川× TOP4	東京大				一橋大		東工大		京都大		4 大学計			
高校	現浪計	7年比	現役	7年比	現浪計	現役	現浪計	現役	現浪計	現役	現浪計	7年比	現役	7年比
湘南	21	10	14	8	8	2	15	12	2	2	46	12	30	14
横浜翠嵐	11	7	7	6	9	9	12	11	5	2	37	22	29	19
柏陽	7	4	6	3	1	1	8	5			16	−2	12	−1
厚木	3	−5	3	−3	1	1	5	2	1	1	10	−9	7	−3
横浜ＳＦ	3	3	3	3			5	5			8	8	8	8
平塚江南		−3		−1	1	1	5	5	1	0	7	−3	6	2
小田原		−1		−1	3	2	3	3			6	−1	5	−2
金沢							5	3			5	4	3	2
川和		−1		−1	1	0	3	3	1	0	5	−6	3	−6
横浜緑ケ丘	1	−3	1	−2	1	1	3	3			5	−6	5	−3
相模原（県立）	2	0	1	0	1	1	1	1			4	−2	3	−1
鎌倉		−1		0	1	0	3	2			4	0	2	−1
多摩					2	0	1	0	1	0	4	1	0	−2
横須賀（県立）		−3		−2	1	0	2	2	1	0	4	−6	2	−3
希望ケ丘	1	1	1	1	1	0	1	1			3	0	2	0
神奈川総合		−2		−1	1	0	2	0			3	−5	0	−5
川崎総合科学							2	2			2	1	2	1
弥栄							1	1			1	1	1	1
橘							1	1			1	1	1	1
松陽							1	1			1	1	1	1
茅ケ崎北陵							1	1			1	−1	1	1
市ケ尾									1	0	1	1	0	0
南							1	1			1	1	1	1
海老名							1	1			1	1	1	1
相模大野							1	0			1	1	0	0
光陵		−1					1	0			1	−4	0	−3
生田							1	0			1	0	0	0

自らの学力を知ろう
「模擬試験」と「偏差値」

今回は、偏差値の活用と模擬試験の利用の仕方を合わせてお話ししたいと思います。模擬試験を受ければ、その時点の自分の学力を偏差値という形で知ることができます。その偏差値から志望校への合格可能性も計れます。「模擬試験」も「偏差値」も志望校を選定するのにどちらも必要です。

学校の成績では実力を判断できない

　公立中学校に通っているみなさんは、毎学期の成績が4や5だと言って一喜一憂していることと思います。保護者にとってもとても気になる数字のひとつですね。

　ところで、この評価はどのようにしてつけられているものなのでしょうか。

　じつは、お父さま、お母さまのころの通知表の数字とはかなり違ったものなのです。あのころの通知表の成績は、「相対評価」と呼ばれる方法でつけられていました。

　相対評価では、評定の1～5（学校によっては1～10）までを、それぞれ同学年の生徒にどれぐらいの数を割り振るか、その割合があらかじめ決められていました。

　ところが、現在、中学校の通知表の評定は「絶対評価」と呼ばれる方法でつけられています。

　その生徒の到達度（定期試験の結果）などから、他の生徒と比べることなく1～5までの評価をしていくわけです。

　これは2002年度の学習指導要領改訂で、公立小中学校の成績評価を「絶対評価」とすると決められて以降のことです。

　たとえば、以前の「相対評価」では、「5」は上位7％の生徒にだけつけることになっていました。

　その枠が取り払われた「絶対評価」では、もっと多くの生徒たちが「5」を得る傾向になっています。

　多くの公立中学校で生徒の成績を高め高めにつけてしまっているのです。極端に言えば、生徒全員に「5」ばかり出すこともできるのが絶対評価です。

　ですから、現在のこの評価方法では、個々の生徒の成績（学力）が中学校の同学年の生徒全体のどの位置にあるのか、また、高校を受験する他校生も合わせた同学年の生徒全体のなかではいったいどの位置にいるのかは、まったくわからないのです。これでは、中学校の成績は、志望校の選定には役に立たないと言わざるを得ません。

　では、実際に高校を受験するときにはどうしたらよいでしょうか。

　各校の入試には定員があります。つまり、その定員にいたったところで、ほかの人は不合格となります。

　つまり入試は、「何点以上なら合格」という絶対評価ではなく、「上位から何人まで」という相対評価なのです。募集定員という数がある以上、これは当然のことです。

　中学校の通知表に4や5が多く並んでいるからと安心することはできません。「オール5」だからといっても油断はできないのです。

　学区制が撤廃された東京都で、ある進学指導重点校では受験生のほとんどが、中学校では「オール5」だったという話さえあります。

模擬試験は相対評価 高校受験も相対評価

では、受験生はどのようにして自らの学力位置を知ればよいのでしょうか。

それは「模擬試験」を受けることです。模擬試験を受けて自らの「偏差値」を知ることです。

「模擬試験」で使われている評価方法である「偏差値」は、各公立中学校が行っている絶対評価ではなく「相対評価」です。

同じ生徒の評価を、中学校の通知表の評定と、模擬試験の相対評価「偏差値」で比べてみると、思ったより成績が悪いなぁということがよくあります。

中学校の通知表（絶対評価）では「オール5」の生徒も、模擬試験の結果で、かつての相対評価の方法で評価したら、少なくとも模擬試験であつかう主要5教科では「オール5はありえない」ということがほとんどです。

ですから、高校受験生全体で自分の学力位置、つまり真の学力を知りたかったら模擬試験を受けることです。

志望校に対する自らの学力や、入試までの学力目標を決めたい場合も、模擬試験を受けてみるしかない、ということになります。

高校受験においては、早稲田アカデミーの「オープン模試」のほか、「W合格もぎ」「Vもぎ」「北辰テスト」「都立もぎ」などが合格判定の材料として利用されています。

コンビニなどでも申し込みできることもあって、2学期になれば、1つの模擬試験に2万人以上が集まります。

高校受験用の模擬試験では、試験で測られた学力を偏差値あるいは得点として算出し、送り返してきます。また、試験の正答率も公表されますので、自分の弱点もわかります。ほかの多くの受験生が正答しているのにもかかわらず、自分は間違えた、という部分が弱点です。

さらに、模擬試験では、算出した偏差値をもとにして志望校への「合格可能性」も示してくれます。

「合格可能性」を信頼できるものにするために、たとえば「都立もぎ」など、内申が必要な学校については、その内申も勘案しての判定になりますので、試験前に記入する内申データに正確な数値が書きこめるようメモを持参するなど、しっかりと準備しておくことが大切です。

この内申データについてさらに言えば、多くの出版社の「高校受験案内」「高校進学情報」などのガイドブックでは、学校の学力偏差値のみを合格基準として掲載していますので注意することです。

つまり、内申点については、受験生自身が増減して計算しなければならないということです。現在では、「内申点が高い場合」「低い場合」などの注意書きを添えて、対応した合否規準を載せているガイドブックも出てきましたが、まだまだ少ない状況です。

学力を伸ばすために 偏差値を活用するには

では次に、模擬試験の返却で示された「偏差値」をどのように活用すれば有効なのかについてお話を進めたいと思います。

偏差値は、「その試験を受験したとき」というひとつの時点での学力を数値化したものです。

たまたまその日に調子がよく、高い偏差値が出る場合もあれば、逆にすべて不調で、思うような偏差値が出ない場合もあります。科目ごとに好不調の波があるということもあります。

　すなわち、偏差値はあくまで「その試験を受けたとき」という一時点での結果を数値化したものであることを理解しましょう。ですから、学力評価には、そのとき、あのときという幅があるのだということです。

　実際の入試でも、実力発揮の度合いは当日の体調によってかなり違ってきます。入試における偏差値は、一般的に「模擬試験の平均偏差値」に比べて＋－3ぐらいの揺れ幅があると言われています。偏差値でいって上下に3ずつもの幅で動く可能性があるということです。

目標値を設定して偏差値を味方にしよう

　模擬試験で得た偏差値をうまく利用しましょう。

　その結果から反省し、発憤につなげればよいのです。

　その結果から勉強の目標を見つけたり、「やる気」につなげたりすることができるということです。

　では、ここでそんな「やる気」につながるような合格可能性の見方についてご紹介しておきます。

　A高校の合格可能性の80％ラインが偏差値60、50％ラインが偏差値57だったとします。

　この高校を偏差値60の生徒が100名受験したと仮定して約80人合格するというのが80％ラインです。

　また、偏差値57の生徒が100名、この高校を受験したとしたら約50人の合格が予想されるのが50％ラインと呼ばれるものです。

　さて、偏差値からなにがわかるか、について、考えてみましょう。

　ある試験が100点満点の試験だったとすると、少し乱暴な計算ですが、その100点全体の分布を、偏差値としては75～25の約50段階で示しています。

　単純に言うと、100点満点として偏差値1あたり得点2点の違いだと見ることができます。

　5教科合計が500点満点なら、偏差値1につき、2点×5科で得点10点の違いとなります。

　これをふまえて、こう考えてみましょう。

　ある生徒の偏差値が57だったとします。前述のA高校を受験する場合、いまは合格可能性は50％ですが、合格の可能性を、80％以上となる偏差値60を確保したいとするのならば、あと偏差値を3あげなければなりません。ということは、実際の試験を迎えるまでに5科目で30点多く取るようにすれば、80％ラインに近づき、合格の可能性が高くなるわけです。

　そのためには各科目ともに6点ずつスコアアップするか、「数学であと何点、英語で何点」と科目ごとに目標の数値を計画するかしていけばいいわけです。

　もちろんこれは、かなり大胆な計算ともいえます。とはいうものの、目標値があればモチベーションもあがるというものです。

　志望校が浮かんだときに、その学校に入れる学力があるかどうか、あとどのくらい頑張ればいいのかを見据え、偏差値をじょうずに活用し、さらに、目標とする偏差値を得られるまで努力するというのが、偏差値の賢い使い方といえるでしょう。

公開の「模擬試験」を受け受験本番の予行演習を

　秋から12月にかけて多くの「模擬

試験」が行われます。

模擬試験には大きな会場を使用した「会場テスト」と呼ばれるものや、「オープン模試」のように早稲田アカデミーで受けられるものもあります。

これらの模擬試験を利用することによって、多くの同学年の受験生のなかでの自分の実力、位置を把握することができます。

大きな会場で行われる模擬試験では、見知らぬ受験生と机を並べての受験となり、入試本番と変わらぬ雰囲気のなかでの予行演習ともなります。予行演習なのですから、ここでの失敗があったとしても、それを糧に本番までに取り戻せばいいのです。

また、予行演習だからといって気を抜かず、本番に向かう気持ちで会場に向かう心構えも大切です。

さて、模擬試験のあと返却される資料のなかで、偏差値を目安にして示される「合格可能性」は、少し厳しめに出てくるものです。

もし、可能性が低めに示されたとしても、がっかりしたり、簡単にあきらめることはありません。

塾の先生ともよく相談して、最後まで挑戦の気持ちを失わないようにしましょう。

偏差値は受けるたびに上下して当たり前

さて、「模擬試験は自分の実力を測るのが目的だから、1度受ければそれでいいのでは」といった質問を受けることがあります。「模擬試験で出た偏差値に合わせた学校を受けるのだから1度で充分なのでは」というわけです。

ここまでの内容から、この考え方は間違っていることはおわかりでしょう。

すでに述べたように、模擬試験の結果を踏まえれば実力をアップさせていくことができるのですから、1度ではもったいないとも言えます。

また、とくに重要なことは、1度の模擬試験では真の実力は測れないということです。

前述したように、模擬試験の結果示される偏差値は、かなり上下します。ですから、4回、5回と模擬試験を受けて、その偏差値の平均を自分の実力と考えた方が間違いがないのです。

志望校の合格を大きな目標到達点とするならば、模擬試験は1つの区切り、関門とも言えます。

自らの学力を知り、それをバネにしてこれからの学力につなげていく、まさにスプリングボードといっていいでしょう。

模擬試験の結果を励みにし、反省材料をもとに軌道修正していけば、日ごろの学習にもいい影響を与えられます。

模擬試験で1度や2度いい成績を取ったからといって、強気だけの受験をすると失敗につながります。

逆に、模擬試験の成績がよくないからといって、すぐにあきらめてしまうのもよくありません。そもそも、毎回の試験結果によって、志望校が二転三転するのは好ましくないばかりか、志望校選びの本質を取りちがえた態度です。

偏差値の意味を理解し、模擬試験をうまく活用して、合格への道を突き進みましょう。

9月号の答えと解説

●問題

Q 論　理　パ　ズ　ル

ある事件の容疑者として取り調べを受けたＡ～Ｅの５人は、次のように供述しました。

Ａ：「Ｄは犯人だよ」

Ｂ：「Ｅの言っていることは本当です」

Ｃ：「ＡもＤもウソをついている」

Ｄ：「Ｃこそウソを言っている」

Ｅ：「ＢもＣも犯人じゃない」

無実の者は本当のことを言い、事件の犯人はウソをついているとすると、
この事件の犯人は何人いると考えられますか。

●解答

（Ｄ以外の）４人

解説

まず、Ａが犯人ではないとすると、
Ａの発言は本当→Ｄの発言はウソ→Ｃの発言は本当→Ａの発言はウソ、つまりＡは事件の犯人
これは、初めの仮定と矛盾しますので、「Ａが犯人ではない」と仮定したことが間違いということになります。
よって、Ａは事件の犯人で、
その発言はウソ→Ｄは事件の犯人ではなく、その発言は本当→Ｃは犯人で、その発言はウソ

　→Ａ、Ｄのうち少なくとも１人の発言は本当
　→Ｅの発言はウソ（事件の犯人）→Ｂの発言はウソ（事件の犯人）

以上のことから、Ｄ以外の４人はすべて事件の犯人であると考えられます。

中学生のための学習パズル

今月号の問題

Q 英語アナグラム・クロス

	c				■	f			← AGIMNSTU
	■		■				■		← AELNOW
					■				← AALNORST
■		■		d			■		← ACEKNT
				■				b	← AEEHLSTT
	■					■		■	← CEMOOS
			■						← AAEHKOWW
	■	a			■		■		← EIPTUY
			■			e			← EEHILORS
↑ AEGLOSTW	↑ AEHIIT	↑ ACELLOPS	↑ NNOOTU	↑ AEHMNOTT	↑ CEHOWW	↑ AAEIKNRS	↑ AKRSSU	↑ AEELMTY	

ルールにしたがって、外側の文字をクロス面に入れてクロスワードを完成させてください。最後にa～fのマスの文字を順に並べると、ある道具の名前が表れますから、それを答えてください。

【ルール】クロス面の外側にある文字は、タテ・ヨコの各列にすべて入ります。ただし、文字は順番通りに並んでいませんので、タテ・ヨコの関係を考えながら英単語の形へ並べかえてください。また、色のついているマスには文字は入りません。

9月号学習パズル当選者

（全正解者25名）

★**篠原美野里**さん（神奈川県相模原市・中3）
★**広川　尚文**くん（埼玉県所沢市・中3）
★**太田　史奈**さん（千葉県千葉市・中2）

応募方法

●必須記入事項

01　クイズの答え
02　住所
03　氏名（フリガナ）
04　学年
05　年齢
06　アンケート解答「チョコレート展」「美術にぶるっ！展」（詳細は97ページ）の招待券をご希望のかたは、「●●展招待券希望」と明記してください。

◎すべての項目にお答えのうえ、ご応募ください。
◎ハガキ・ＦＡＸ・e-mailのいずれかでご応募ください。
◎正解者のなかから抽選で３名のかたに図書カードをプレゼントいたします。
◎当選者の発表は本誌2013年1月号誌上の予定です。

●下記のアンケートにお答えください。

A今月号でおもしろかった記事とその理由
B今後、特集してほしい企画
C今後、取りあげてほしい高校など
Dその他、本誌をお読みになっての感想

◆2012年11月15日（当日消印有効）

◆あて先

〒101-0047　東京都千代田区内神田2-4-2
グローバル教育出版　サクセス編集室
FAX：03-5939-6014
e-mail:success15@g-ap.com

駒《こま》込《ごめ》高等学校

東京都文京区千駄木5-6-25
地下鉄南北線「本駒込」徒歩5分、地下鉄千代田線「千駄木」・都営三田線「白山」徒歩7分
TEL 03-3828-4141
http://www.komagome.ed.jp/

学校説明会

10月27日（土）14:00～15:30
説明会＆駒込の国際理解教育
11月17日（土）14:00～15:30
説明会＆教科の内容案内
12月1日（土）14:00～15:30
説明会＆英数国ワンポイント講座
12月22日（土）14:00～15:30
説明会＆合格対策
1月12日（土）14:00～15:30
説明会＆英語長文読解のコツ

1日個別相談会

11月10日（土）9:00～16:00
11月23日（祝）9:00～16:00
12月8日（土）9:00～16:00

問題

日本文の意味に合うように（　　）に下の語（句）からそれぞれ1つずつ入れて英文を完成し、（ ア ）～（ コ ）に入る語を番号で答えなさい。ただし文頭にくる語も小文字で示してあります。

1．私は英語と歴史に興味があります。
I'm（　　）（ ア ）（　　）（　　）（ イ ）（　　）.
1. English　2. interested　3. both　4. in　5. hitory　6. and

2．あなたは彼が何歳か知っていますか？
（　　）（　　）（　　）（ ウ ）（　　）（ エ ）（　　）？
1. you　2. how　3. he　4. old　5. know　6. is　7. do

3．何か冷たいものをください。
（　　）（　　）（ オ ）（　　）（ カ ）（　　）？
1. to　2. something　3. cold　4. drink　5. me　6. give

4．ドアのそばに立っている女性は私の姉です。
The（　　）（ キ ）（　　）（　　）（ ク ）（　　）.
1. my sister　2. by　3. the door　4. woman　5. is　6. standing

5．昨日私が買った本はおもしろい。
The（　　）（　　）（ ケ ）（　　）（ コ ）（　　）.
1. I　2. book　3. is　4. bought　5. interesting　6. yesterday

解答　1. ア:4 イ:6　2. ウ:2 エ:3　3. オ:2 カ:1　4. キ:6 ク:5　5. ケ:4 コ:3

武《む》蔵《さし》野《の》女《じょ》子《し》学《がく》院《いん》高等学校

東京都西東京市新町1-1-20
西武新宿線「田無」徒歩15分。JR中央線・総武線・地下鉄東西線「三鷹」、JR中央線・総武線・地下鉄東西線・京王井の頭線「吉祥寺」バス
TEL　042-468-3256
http://www.mj-net.ed.jp/

学校説明会

11月3日（祝）10:00～12:00
12月1日（土）14:00～16:00

個別相談会（要予約）

11月10日（土）10:00～15:00
11月24日（土）10:00～15:00
12月8日（土）10:00～15:00
12月22日（土）10:00～15:00

2013年度募集要項

進学コース100名　※30名増員
（推薦40名、一般60名）
薬学理系コース20名
（推薦10名、一般10名）

問題

下の図のように，半径3cmの円Oと半径2cmの円O'が長方形ABCDで互いに接している。このとき，BCの長さを求めよ。

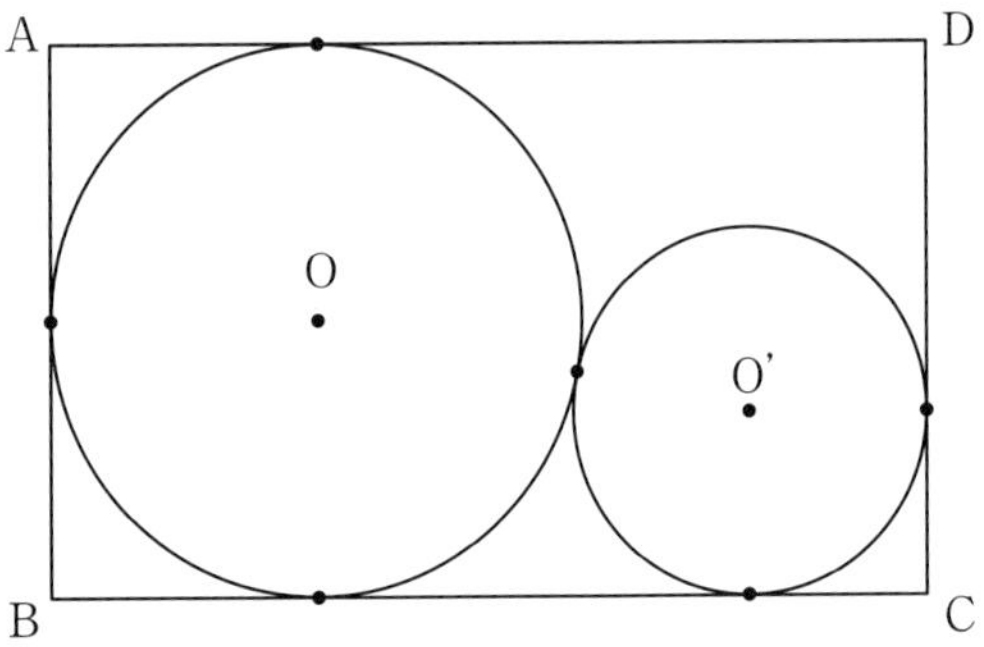

解答　$5+2\sqrt{6}$(cm)

私立高校の入試問題に

明治《めいじ》大学《だいがく》付属《ふぞく》中野《なかの》八王子《はちおうじ》高等学校

東京都八王子市戸吹町1100
JR中央線「八王子」・京王線「京王八王子」・JR五日市線「秋川」スクールバス
TEL　042-691-0321
http://www.mnh.ed.jp/

問題

問題4

次の各組の英文がほぼ同じ意味になるように，(　　)に適切な語を入れなさい。(一部省略)

(2) This is his first trip to a foreign country.
He (　　) never (　　) (　　).

(3) Kyoko said to her friend, "Will you help me with my homework?"
Kyoko (　　) her friend (　　) (　　) (　　) with her homework.

問題5

日本語の意味を表すように次の語を並べかえたとき、(A)(B)(C)に入る語を下の語群から選び、記号で答えなさい。(一部省略)

(1) 私は宿題をするのに忙しくて、泳ぎに行けなかった。
I (　　)(A)(　　)(B)(　　)(　　)(C)(　　)(　　).
ア busy　イ doing　ウ go　エ homework　オ my　カ swimming　キ to　ク too　ケ was

(2) そこに着いたらすぐに、私に電話するのをどうか忘れないでくださいね。
Please (　　)(A)(　　)(　　)(　　)(B)(　　)(C) there.
ア arrive　イ as　ウ as you　エ call　オ me　カ remember　キ soon　ク to

解答　問題4 (2) has,been,abroad (3) asked,to,help,her　問題5 (1) Aク Bイ Cキ (2) Aク Bキ Cア

麗《れい》　澤《たく》　高　等　学　校

千葉県柏市光ヶ丘2－1－1
JR常磐線・地下鉄千代田線「南柏」バス
TEL　04-7173-3700
http://www.hs.reitaku.jp/

学校説明会

10月27日(土) 10:30〜12:00
11月17日(土) 14:00〜15:30
12月 2 日(日) 14:00〜15:30

2013年度募集要項

特進コース30名　文理コース60名

●選抜方式
A方式：特別奨学生選抜(全コース合計約10名)
B方式：一般選抜(全コース合計約70名)
C方式：寮生選抜(全コース合計約5名)
　　　スポーツ選抜(全コース合計約5名)

●入学試験日
第1回　1月17日(木)(A、B、C方式)
第2回　1月18日(金)(A、B方式)

問題

放物線$y=-x^2$と直線$y=x-2$は異なる2点A，Bで交わる。点A，Bからそれぞれx軸へ垂線を引き，その交点をA'，B'とする。

ただし，(点Aのx座標)＜(点Bのx座標)とする。

このとき，次の問いに答えなさい。

(1) 点Bの座標を求めなさい。

(2) 台形AA'B'Bの面積を求めなさい。

(3) ∠BAA'の大きさを求めなさい。

以下，点Cを，x座標が正である放物線$y=-x^2$上の点のうち，△OACの面積が台形AA'B'Bの面積を2倍となるような点とする。

(4) 点Cの座標を求めなさい。

(5) 直線ABと直線OCの交点をDとする。また，台形AA'B'Bを直線ABを軸として折り返すとき，線分AA'が折り返された辺と直線OCとの交点をEとする。
このとき，△OAD，△ADE，△ACEの面積の比を求めなさい。

解答　(1) B (1, −1) (2) $\frac{15}{2}$ (3) ∠BAA' ＝45° (4) C (3, −9) (5) △OAD：△ADE：△ACE＝3：5：10

～サクセス18のご紹介～

サクセス18は早稲田アカデミーが創った現役生難関大受験専門塾です。

東京大学67名合格！

文Ⅰ13名・理Ⅲ4名含む

早慶上智大403名合格！

GMARCH理科大506名合格！

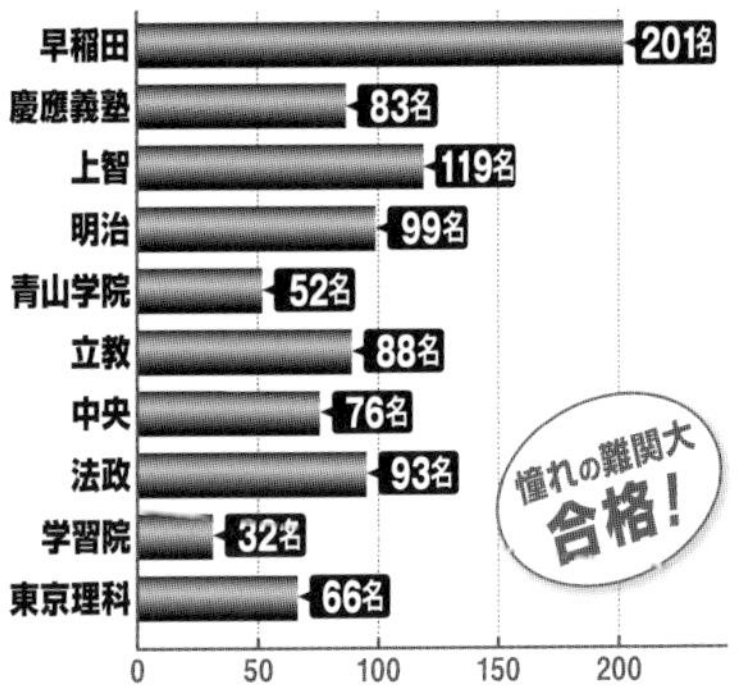

早稲田大学201名　上智大学119名　青山学院大学52名

慶應義塾大学83名　明治大学99名　立教大学88名

中央大学76名　学習院大学32名

法政大学93名　東京理科大学66名

在籍約1100名からの実績

模試受験のみの生徒は一切含まれていません。早稲田アカデミーの平常授業または志望校別クラス、冬期東大合宿に在籍し、授業に参加された方のみを対象としています。

東京大学［理科Ⅰ類］合格

早稲田大学［基幹理工学部］、慶應義塾大学［理工学部］、上智大学［理工学部］

金井 純平（国立東京学芸大学附属高校）

仲間達と先生方と共に

大学受験を真面目に考え始めた高2の秋、僕は高校受験の際お世話になった早稲田アカデミーに入塾しました。第一志望校は学校の友達に流されるように東大としましたが勉強に熱が入らず、成績もあまり伸びませんでした。しかし高3のとき、僕の意識は変わりました。自分の志望校を本気で目指す仲間達と授業を共にすることで僕も勉強に全力で取り組むようになっていました。さらに時には優しく時には厳しく接してくれる先生方の熱い授業を受けるにつれてより励むようになりました。サクセス18の必勝コースや合宿、正月特訓は違う学校の様々な考え方を持つ仲間達や先生方との絆を深めました。東大模試ではE判定を取り続けましたが、そんな仲間達や先生方のおかげで諦めずに勉強に取り組むことが出来ました。サクセス18に入らなければ僕の合格はありませんでした。共に学んだ仲間達、最後まで熱心に授業をしてくれた先生方、本当にありがとうございました。そしてこれからもよろしくお願いします。

東京大学［理科Ⅱ類］合格

早稲田大学［先進理工学部］、上智大学［理工学部］

高橋 勇介（私立開成高校）

いままでありがとうございました。

まずは家族や友だちの応援に感謝したいです。そして東大合格に達するまでに指導して下さったサクセス18の先生方に感謝したいです。サクセス18の進路指導では長期的な目標設定に加えて、短期的な目標設定も立てられたため、学習している中でも目標を見失うことがありませんでした。校内模試の順位等、身近なところからも目標の達成度を測ることができ、モチベーションを保ちながら勉強することができました。サクセス18で最も良かったと思うことは、先生と生徒の距離が近いことだと思います。私はそのおかげで先生方に多くの質問をすることができ、納得がいくまで問題に取りくむことができました。これは私にとっては学力を伸ばすのに大いに役立ったと感じています。また、開成クラブも有効に活用することができました。自習室だけでなく、過去問を印刷してもらえたのは非常に助かりました。また、開成クラブで行われている英作文道場では、自分の英作文をネイティブの先生に見てもらえるので、英作文の感覚をつかむことができ、確実に得点力の向上につながったと思います。先生方の授業はもちろんのことながら、このような点も合格につながったと思います。サクセス18に通って本当に良かったです。

東京大学［理科Ⅲ類］合格

慶應義塾大学［医学部］、防衛医科大学校

笠原 優輝（国立筑波大学附属駒場高校）

第2の我が家、サクセス18

サクセス18の魅力は先生方の熱意だろう。私はサクセス18を第二の我が家のように、温かく感じていた。登塾すると、「こんにちは」、教室に行くときには「いってらっしゃい」、自習室から戻ると「おかえりなさい」といった挨拶が飛び交い、この言葉にいつも元気づけられ、明日の活力を貰った。実の家と同じようなアットホームな空気が漂っており、この居心地の良さが、毎日塾に来て勉強しようと思わせてくれた。それに加え、成績を上げるのに特に役立ったものは、先生方の熱意のこもった添削、個別のアドバイスだった。他の生徒もいて大変な中、わざわざ時間を自分のために割いてくれている、このことが私の弱点を大いに克服させ、モチベーションの向上にも繋がった。先生方からは、まるで我が子に対するような温かさを感じた。この温かさのおかげで、合格できる水準まで成績を伸ばすことができた。自分一人では決してできなかっただろう、と思う。合格を報告したとき、先生方が心から喜んでくれて、初めて自分の努力を示すことができた、と思えた。こんな、辛い中、最高の受験を迎えることができたのは、サクセス18だったからだ。今までありがとうございました。

東京大学［文科Ⅲ類］合格

早稲田大学［政治経済学部］、慶應義塾大学［商学部］

堀田 和里（私立雙葉高校）

サクセス18大好き！

サクセス18には、中3の終わりから通い始めました。校舎に足を踏み入れた瞬間、事務の方々や先生方が大きな声で挨拶してくださり、明るく元気な印象を持ったので、すぐに入塾を決めました。私が通っていた校舎はとてもアットホームな雰囲気で、居心地がよく、先生方や事務の方々、アシストスタッフとも仲良く話すことができる環境だったので、塾に行くのが本当に楽しみでした。とにかく塾が好きだったので、高2の後半以降は授業がない日にも自習をしに行っていました。お互いに励まし合い、刺激し合える友達に出会えたのも、塾が大好きだった理由の一つです。受験期で一番辛かったのは、間違いなく最後の2ヶ月だったと思います。センター試験を越え、私大入試が始まり、最後に待ち構える国立の2次。この2ヶ月を乗り越えられたのは、他でもない、サクセス18のおかげです。勉強が思うように進まず、悩んだことは何度もありましたが、そのたびに事務の方々や先生方、アシストスタッフ、そして友達に元気付けてもらいました。サクセス18のみんなが支えてくれたから、自分らしく受験に立ち向かうことができました。私が東大合格という夢のようなことを実現させることが出来たのは、サクセス18のみんなが最後まで私を信じていてくれたからです。先生方、事務の方々、アシストスタッフ、サクセス18で出会った友達、そして家族!ここまで私を支えてくださって本当にありがとうございました!サクセス18大好き!

一橋大学［法学部］合格

早稲田大学［法学部］、慶應義塾大学［商学部］、上智大学［法学部］

野村 悠花（私立豊島岡女子高校）

ありがとう！サクセス18

サクセス18に入ってからの二年を振り返ると、自分がいかに幸せで充実した受験生生活を送っていたかを実感させられます。入塾当初私はTクラス選抜にも合格できないほど数学が苦手で、校長先生の「数学をなんとかするから」の一言を頼りにサクセス18に入塾しましたが、塾で演習を重ねるうちに本当に何とかなり、本番でも数学の出来に自信が持てました。先生方が授業の範囲を超えて私の成績や性格、志望校などを把握して的確なアドバイスを下さり、のんびり屋の私を急かしてくださるのはサクセス18ならではでしたし、そんな先生方を信頼していたので安心して勉強できました。先生方は受験校についても一緒に考えてくださった上、併願校対策も施してくださったので、私自身は志望校対策だけを考えてそのための勉強に打ち込むことができ、大変感謝しております。志望校にあわせた先生オリジナルのプリントを頂いたり、先生にお願いして予想問題を何度も作っていただいたりと、本当にお世話になったので絶対受かろうと意気込んでいました。自習の時はいつもサクセス18に行ったし、仲良しなだけでなくやる時はやる、といった周りの生徒たちの雰囲気も好きで、良い刺激になりました。サクセス18でいつも楽しかったし、大学受験を最高の形で乗り越えることができたのはサクセス18のおかげです。私に関わってくださった全ての方に感謝しています。お世話になりました。

早稲田大学［法学部］合格

上智大学［法学部］、明治大学［法学部］、立教大学［法学部］、中央大学［法学部］

前田 妃南子（私立女子学院高校）

私のサクセス体験記

私は高1からサクセス18に通い始め、部活を引退した高2の秋から本格的に受験勉強を始めました。部活引退まではやる気が出ず、受講していたのに無駄に過ごしてしまったことも多かったと思います。しかし、定期的なテストや親切な面談のおかげで、部活中心の毎日の中でも勉強や将来のことを考える機会を持つことが出来ました。そのおかげで、部活引退後もスムーズに受験勉強に移れたように思います。高2の秋から高3にかけては、現代文と古文を受講しました。古文ではちょっとした文法テクニックや文学史も教えていただき、入試に役立ちました。現代文では筆者の論考に関連した現代社会についてのお話もあって、社会にも関心を持つことが出来るような、大学入試後も見据えた質の高い授業でした。少人数制なので先生との距離も近く、苦手な記述も細かく添削していただいたおかげでなんとか書けるようになりました。また、直前期には夜遅くまで使える自習室がとても有難い存在でした。質問もすぐできるし、アシストスタッフの方々や受講していない教科の先生まで質問に答えたり添削してくださったりして、サクセス18全体でサポートしてくださっていると感じました。気さくで親しみやすい事務の皆さんとの会話も私の心の支えでした。私が志望校に現役合格できたのも、このようなサクセス18があってこそです。ありがとうございました。

慶應義塾大学［法学部］合格

早稲田大学［文化構想学部］、上智大学［法学部］、明治大学［商学部］、國學院大學［経済学部］

山田 晃己（私立桐光学園高校）

大学受験とは団体競技である

この塾で出会った気の合う仲間三人でコンビを組み一年間互いを励まし、尊重し、仲間の背中をみて刺激され続けた結果、僕は慶應の法、一人は早稲田の法、もう一人は早稲田の理工に進学を決めました。受験が終わった今でも付き合いは続き、大学は違うけれども一生の付き合いになると思います。僕たち三人が全員第一志望に合格できたのは常に僕以外の二人に刺激され続けお互いがお互いの努力を尊重し続けた結果であり、それがサクセス18という塾にしか成し得ない技の本質だと思います。仲間の作りづらい他の予備校では決して成し得ない大学受験で成功するためのノウハウ、つまり大学受験を個人競技ではなく団体競技で闘おうとする姿勢、これがサクセス18が合格実績を毎年、大幅に更新し続けているという事実を裏付けているのだと思い、事実僕たち三人がそれを証明しています。僕一人では途中で心が折れ、決して成し遂げられなかったであろうこの偉業、またこの偉業がサクセス18でしか成し遂げられない偉業ではないでしょうか。

上智大学［文学部］合格

立教大学［文学部］、明治学院大学［文学部］

安達 南菜子（私立東洋高校）

温かい場所

私がサクセス18に通い始めたのは高校2年生のときです。苦手な英語を何とかしたいと思っていたところ、母にサクセス18を勧められ、とりあえずという気持ちで入塾しました。早稲田アカデミーには小さい頃から通っている人も多く、いざ入ってみると既に仲良しグループが出来ていて、少し居心地が悪く感じたのを覚えています。しかし、高校3年生になるとその空気は一転しました。特に私達の間の絆を強くしたのは夏の合宿です。他の校舎の友達も増えることで、「皆で合格したい」という気持ちが大きくなりました。その後、サクセス18の友達とは受験直前まで励まし合い、学校の友達とはまた一味違った友情を築くことができました。現役生しかいないサクセス18ならではだと思います。また、サクセス18の凄いところは先生方がきめ細かく指導して下さることです。何度も面談を組んでくれたり、過去問の点数をチェックしてくれたり、英作文や小論文などの添削を寝る間も惜しんでしてくれました。受験の前の日に私が緊張していると、夜遅くまで応援し続けて下さいました。こんなに面倒見の良い塾、予備校は聞いたことがありません。私が大学に合格できたのも、先生方の支えがあったからです。本当にありがとうございました。受験は辛かったですが、サクセス18のおかげで、頭も心も成長できたと思います。最後に両親へ、サクセス18に通わせてくれてありがとうございました。

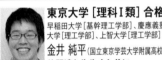

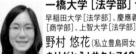

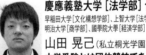

大学受験も 早稲田アカデミー SUCCESS18

キミの本気をカタチにする。

参加型少人数授業、講師の情熱、ライバルとの競争がキミの本気を引き出す

1人でもない、大人数に埋もれない、映像でもない「参加型少人数ライブ授業」

生徒と講師が互いにコミュニケーションをとりながら進んでいく、参加型の少人数のライブ授業をサクセス18は大切にします。講師が一方的に講義を進めるだけでなく、皆さんにその場で実際に問題を解いてもらったり、質疑応答を授業に取り入れることで、学習効果は高まるのです。そしてこれは大教室で行われる授業や映像授業では決してできないことなのです。

授業で終わらない。皆さんの家庭学習の指導も行い、第一志望校現役合格へ導きます

講師の仕事は授業だけではないとサクセス18の講師は考えています。授業と同じくらい大切なのが日々の家庭学習や各教科の学習法。「高校生なんだから家庭学習くらい自分で考える」そんな風に考える人もいるでしょうが、何事にもセオリーやノウハウがあります。サクセス18の講師が皆さんの学力や志望校、学習環境に最適な家庭学習プランを提案します。

先生が近い、友達が近い。講師の励まし、ライバルとの競争、Wシナジーが劇的に学力を伸ばします

皆さんと講師の距離が近いのもサクセス18の特徴です。講師室はオープンスペースとなっており、いつでも気軽に先生に質問できます。また講師からも積極的に皆さんに声を掛けます。「先週のテスト良くできていたよ」「最近頑張ってるね」そんな何気ないコミュニケーションをサクセス18の講師は大切にしています。

また一緒に学ぶ友達との距離が近いのも少人数制のサクセス18ならでは。同じ目標に向って共に頑張っている友達は仲間でありライバル。毎月実施される「月例テスト」や模試の成績優秀者は校舎内に掲示されます。「初めて自分の名前が載ったときの嬉しさ」「友達の名前が載る掲示に自分の名前がないときの悔しさ」そんな気持ちが皆さんの背中を後押しするのです。先生と仲間とのWシナジーが皆さんの学力を劇的に伸ばします。

サクセス18なら定期試験対策も万全!

トレーニング個別指導『F.I.T.《フィット》』 塾生無料

演習・解説 個別学習システム

F.I.T.は、トレーニングと個別指導を組み合わせたサクセス18の新しい学力向上プログラムです。コンピュータに蓄積された10万ページ以上の教材データベースの中から一人ひとりにピッタリの問題を選んで個別に学習できるシステムです。

「わかる」から「できる」へ

復習しなければならない事はわかっていても、自分一人ではなかなか学習する時間が取れないものです。F.I.T.なら授業で習った単元を個別に学習することで、自分のペースで復習を進めることが出来ます。サクセス18では、クラス授業と個別学習の良い所だけを組み合わせて成績を上げる事が可能です。

自分の時間に合わせた復習

部活や習い事をしていても、一人ひとりの学習カリキュラムに合わせてトレーニングできるF.I.T.のシステムを利用すれば勉強との両立が可能になります。学力・目的に合わせたカリキュラムで学習を進めるので、無駄がありません。

スモールステップで本気をカタチに

F.I.T.では、1回の演習は10〜15分。すぐにアシスタントスタッフに解説してもらい、間違えた部分は類題で再度演習、という流れで進みます。一人ひとりが着実に成績を上げられる環境を提供します。

トレーニング個別指導 F.I.T.	少人数・志望校別 クラス授業
・学校の定期試験範囲に合わせた演習 ・塾の授業の類題演習で得点力をアップ ・倫理、政経、地学などのセンター試験対策	・志望校合格を第1に考えたカリキュラム ・実践的テキスト、プリント ・授業担当者による進路指導
つまり… 君だけにぴったり合わせたタイムリーな演習	つまり… 志望校にぴったり合わせたハイレベルな授業

成績アップ!志望校合格!

高1〜高3 10/15(月) 冬期講習会受付開始

中1〜中3(中高一貫校在籍)

冬期講習会日程
12/22(土)〜29(土)
1/4(金)〜7(月)

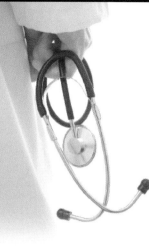

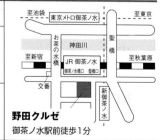

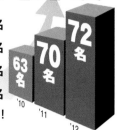

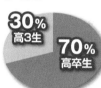

お便りコーナー

サクセス広場

恥ずかしかった話

調子に乗って駅の階段を５段飛ばしぐらいで駆け下りていて、**踏み外して転げ落ちた。** 周りの友だちが爆笑してくれたからむしろ助かったけど、もし周りが知らない人ばっかりだったら…。
（中３・コケメンさん）

小学３年生のとき、**「学校のトイレには幽霊がいる」**と思ってトイレに行けなかった。あるときに担任にバレて、みんなの前で「トイレに幽霊はいないからね」と言われてしまった。
（中２・琥珀さん）

春の遠足の日で、その日は寒かったのに、自分だけ学年で一番**夏みたいな服装**だったこと。 好きな洋服を着たかっただけなのに、みんなにツッコまれるし、どんどん寒くなってきてキツかった！
（中３・氷川丸さん）

小学生のころから、ときどき靴に履き替えるのを忘れて**上履きのまま帰って**しまいます。下校途中で気付いて引き返すときが、ものすご～～く恥ずかしい！
（中２・Ｎ・Ｍさん）

授業中に居眠りしていたうえに、**無意識におなら**をしちゃいました。その瞬間に目が覚めたけど、もちろん寝たフリ寝たフリ…。
（中２・ハッとしてブーさん）

給食とお弁当、どっちがいい？

私は４人兄弟の一番上で、私の下に２歳ずつ間をあけてあと３人います。なので、私はお弁当がいいのですが、お母さんは、私のお弁当生活が始まってしまうと一番下の弟（現在小２）が高校を卒業するまで休みがありません。お母さん的には給食がいいのでしょうが、私はやっぱり**お弁当**がいいです！
（中３・親の心、子知らずさん）

給食です。私の学校はお弁当なんですが、家に帰ったらお弁当箱を洗わないといけないんです。給食だったら洗わなくていいじゃないですか！
（中２・だって面倒なんだもんさん）

やっぱり**お弁当**でしょう。好きなだけご飯食べられるし！
（中３・やっぱり米が好きさん）

給食。授業中漂ってくる給食の香りがうれしい。お気に入りメニューはポトフ！　でも給食係は大変だからあんまりすきじゃないなぁ。
（中１・ランチ兄弟さん）

こんな私、変ですか？

コーンフレークやフライドポテトは、**ふやけてるほうがおいしい**と思う！
（？年・deadballさん）

自分が今誇り（？）に思っているコトは**「携帯電話を持っていないコト」**。中３になると周りはもうほとんど携帯を持っている状況。そんなななかで周りに流されず未だ持っていない自分の通話は公衆電話一本。ダサいと思う人もいるかもしれないけど逆にそれが自分の誇り！ こんな自分、変ですか？
（中３・GReeeeNさん）

最近、**３日に１冊**は本を読まないと眠れない。
（中２・BOOK Maniaさん）

水泳の授業で**息継ぎがおかしい**と言われました。マジメにやってるのに、そんなに変なのかな？
（中１・スイミング大好きさん）

教室でたまに、座ったまま**カーテンに頭だけもぐって**窓の外を１人で眺めたりします。これぞ自分の世界！　窓の外にはグラウンドにいる友だちが見えておもしろい。
（中１・ぽか～んさん）

募集中のテーマ

「これまでにした大きな忘れ物」
「あったらいいな！こんな自販機！」
「眠れないとき、どうしてる?」

応募〆切 2012年11月15日

必須記入事項

A／テーマ、その理由　B／住所　C／氏名
D／学年　E／ご意見、ご感想など

ハガキ、FAX、メールを下記までどしどしお寄せください!
住所・氏名は正しく書いてください!!
ペンネームは氏名のうしろに(　)で書いてネ!
【例】サク山太郎(サクちゃん)

あて先

〒101-0047　東京都千代田区内神田2-4-2
グローバル教育出版　サクセス編集室
FAX:03-5939-6014　e-mail:success15@g-ap.com

ここに
メール
してね!!

success15

ケータイから上のQRコードを読み取り、
メールすることもできます。

掲載されたかたには
抽選で図書カードをお届けします!

掲載にあたり一部文章を整理することもございます。個人情報については、図書カードのお届けにのみ使用し、その他の目的では使用いたしません。

お祭り

東京時代まつり

11月３日(土・祝)
浅草寺周辺

写真提供：浅草観光連盟

下町・浅草で見る日本の歴史絵巻

平成元年から始まった「東京時代まつり」は、約1200人もの人々が浅草の街を練り歩く歴史絵巻が特徴のお祭り。歴史絵巻は、浅草寺が建立された628年から、平安、鎌倉、江戸、幕末、明治、そして現代までの約1400年もの長い時代が、それぞれの時代に合わせた豪華な仮装行列で表現される。

下町・浅草で、日本の歴史を振り返ってみよう。

アート

美術にぶるっ！ ベストセレクション　日本近代美術の100年

10月16日(火)～１月14日(月・祝)
東京国立近代美術館

母子　上村松園　1934年　東京国立近代美術館

「美術にぶるっ！」の招待券を５組10名様にプレゼントします。応募方法は89ページを参照。

体感し、感動するふるえる美術の数々

日本で最初の国立美術館として誕生した東京国立近代美術館の60周年を記念した展覧会。SECTION 1では、重要文化財13点を含む60年間のコレクションの数々を一挙公開する。またSECTION 2では、東京国立近代美術館が開館した1950年代にスポットをあて、絵画、彫刻、版画、素描、写真、映像を含む300点を超える作品と資料から歴史を検証し、現在、そしてこれからの美術を考えていく。

サクセス イベント スケジュール

10月～11月

世間で注目のイベントを紹介

科学

チョコレート展

11月３日(土・祝)～２月24日(日)
国立科学博物館

展覧会メーンビジュアル

「チョコレート展」の招待券を５組10名様にプレゼントします。応募方法は89ページを参照。

チョコレートの秘密がわかるあまーい時間

だれもが大好きなチョコレートにスポットをあてた展覧会。チョコレートの原料であるカカオについてや、チョコレートの歴史、日本とチョコレートのかかわり、チョコレートができるまでなど、各ゾーンに分けてチョコレートの知られざる世界を紹介する。会場に再現されたチョコレート工場では、カカオ豆になったつもりでチョコレートになるまでを体感できるなど、行けば必ずチョコレート通になれるはず！

アート

「TOKYO DESIGNERS WEEK 2012」

10月30日(火)～11月５日(月)
明治神宮外苑前絵画館前ほか

HELLO DESIGN!
TDW TOKYO DESIGNERS WEEK

見て、触れ、感じ、楽しむデザインとアートの祭典

企業やデザイナー、アーティスト、学生などが、それぞれのクリエイティブを発表するデザインとアートの祭典「TOKYO DESIGNERS WEEK 2012」。今年は「Hello Design」をスローガンに、大人から子どもまで幅広い層が楽しみ、刺激を受けられるイベントとなっている。明治神宮外苑絵画館前には、展示や感性ワークショップ、トークイベントなど、デザインとアートを楽しむさまざまな催しも用意されている。

Success15 Back Number

New

2012 9月号

まだ間に合うぞ!!
本気の2学期!!
都県別運動部強豪校!!

SCHOOL EXPRESS
巣鴨

Focus on
千葉県立佐倉

2012 10月号

専門学科で深く学ぼう
数学オリンピックに挑戦!!

SCHOOL EXPRESS
日本大学第二

Focus on
東京都立両国

2012 7月号

高校入試の疑問点15
熱いぜ！　体育祭！

SCHOOL EXPRESS
開智

Focus on
神奈川県立湘南

2012 8月号

夏にまとめて理科と社会
入試によく出る著者別読書案内

SCHOOL EXPRESS
國學院大學久我山

Focus on
東京都立西

2012 5月号

先輩に聞く
難関校合格のヒミツ!!
「学校クイズ」に挑戦!!

SCHOOL EXPRESS
筑波大学附属

Focus on
東京都立小山台

2012 6月号

難関校・公立校の
入試問題分析2012
やる気がUPする文房具

SCHOOL EXPRESS
専修大学松戸

Focus on
埼玉県立川越

2012 3月号

いざっ！　都の西北早稲田へ
勉強が楽しくなる雑学【理科編】

SCHOOL EXPRESS
豊島岡女子学園

Focus on
東京都立三田

2012 4月号

私立の雄　慶應を知ろう！
四字熟語・ことわざ・
故事成語

SCHOOL EXPRESS
本郷

Focus on
千葉県立千葉東

2012 1月号

中3向け冬休みの勉強法
東大生に聞く
入試直前の過ごし方

SCHOOL EXPRESS
法政大学

Focus on
神奈川県立多摩

2012 2月号

入試直前対策特集
受験生に贈る名言集

SCHOOL EXPRESS
春日部共栄

Focus on
千葉市立稲毛

2012 11月号

苦手克服！
図形問題をやっつけよう
集中力アップ法

SCHOOL EXPRESS
江戸川学園取手

Focus on
東京都立新宿

2012 12月号

よくわかる推薦入試
見て触って学べる施設特集!

SCHOOL EXPRESS
中央大学横浜山手

Focus on
埼玉県立大宮

サクセス15 バックナンバー 好評発売中!

How to order バックナンバーのお求めは

バックナンバーのご注文は電話・FAX・ホームページにてお受けしております。詳しくは100ページの「information」をご覧ください。

これより前の情報はホームページでご覧いただけます（http://success.waseda-ac.net/）

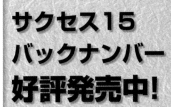

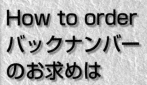

編集後記

今月号の特集「効果的に憶えるための9つのアドバイス」はいかがだったでしょうか。この特集をするにあたって、脳や記憶に関する本をいくつか読み、さらに池谷先生にお話を伺うと、目からウロコが落ちるようなことがたくさん。

なんとなく「こうした方が憶えやすい」「このやり方はよくない」と思っていたことが、実際に実験などで証明されていて、根拠があるとわかるのは、とても興味深いことでした。今後も、脳の秘密は科学の進歩とともに、どんどん解き明かされていくのではないでしょうか。

今回の特集を読んだ人のなかから、その一端を担いたいと思うような人が出てきてくれたなら、うれしいですね。（C）

Information

『サクセス15』は全国の書店にてお買い求めいただけますが、万が一、書店店頭に見当たらない場合は、書店にてご注文いただくか、弊社販売部、もしくはホームページ（下記）よりご注文ください。送料弊社負担にてお送りします。

定期購読をご希望いただく場合も、上記と同様の方法でご連絡ください。

Opinion, Impression & etc

本誌をお読みになられてのご感想・ご意見・ご提言などがありましたら、ぜひ当編集室までお声をお寄せください。また、「こんな記事が読みたい」というご要望や、「こういうときはどうしたらいいの」といったご質問などもお待ちしております。今後の参考にさせていただきますので、よろしくお願いいたします。

サクセス編集室
TEL 03-5939-7928
FAX 03-5939-6014

高校受験ガイドブック2012⑪ サクセス15

発行　2012年10月15日　初版第一刷発行
発行所　株式会社グローバル教育出版
〒101-0047 東京都千代田区内神田2-4-2
TEL　03-3253-5944
FAX　03-3253-5945
http://success.waseda-ac.net
e-mail　success15@g-ap.com
郵便振替　00130-3-779535
編集　サクセス編集室
編集協力　株式会社 早稲田アカデミー

Success15

11月号

Next Issue

12月号は…

Special 1

大学キャンパスツアーに行こう！

Special 2

5都県別 自治体の海外留学制度

School Express

筑波大学附属駒場高等学校

Focus on

東京都立青山高等学校

aim high!
—志、高く
選べる充実の5コー
＜全日制　普通科＞
■特進選抜コース
■特進コース
■選抜コース
■進学コース
■総合進学コース
入試説明相談会
第2回10月21日（日）
第3回10月28日（日）
第4回11月11日（日）
第5回11月17日（土）
第6回11月25日（日）
（特進選抜コースのみ）
第7回12月16日（日）
［会　　場］本校体育館（受付：本校事務室）
［受付時間］9：30
［相談・説明・見学］10：00～12：00
●単願・併願の適切な指針をお示しします
※相談ご希望の場合は成績（内申・偏差値など）がわかる資料のコピーをご持参ください。
※「柳瀬川駅」「新座駅」「所沢駅」からスクールバスの送迎があります。詳しくはホームページをご覧ください。
校外入試相談
にいざほっとぷらざ
東武東上線　志木駅南口に直結
10月2日（火）・ 9日（火）・16日（火）
11月5日（月）・13日（火）・22日（木）
12月3日（月）・12日（水）・20日（木）
ご相談時間　18：10～20：10
※会場の都合により20：00までにご来場ください
学校法人　武陽学園
西武台高等学校
〒352－8508　埼玉県新座市中野2－9－1　TEL048－481－1701　FAX048－479－2501　http://www.seibudai.ed.jp

9784903577098

1926037008002

ISBN978-4-903577-09-8

C6037 ¥800E

定価：本体800円+税

グローバル教育出版